仕事で悩まない人の

相談力

船見敏子
Funami Toshiko

WAVE出版

この本では、

技術としての「**相談力**」を

身につける方法をお伝えします。

仕事で困ったとき、誰かに相談していますか？

まわりには、相談できる人がいるでしょうか？

きっと、ひとりで頑張っている人が多いのだと思います。

「まだ相談する段階じゃない」

「相談しても解決にはならない」

そんなふうに、

ずいぶん長い間、デスクの前で固まっていませんか？

手は尽くしたのに、まだひとりで粘っている。

そうしているうちに、仕事が増えていく一方です。

相談という選択肢があれば、
「**わからない**」と止まっていたことは動き出し、
「**できない**」と手がまわらないことに助けが現れ、
「**しんどい**」と悩んでいたことを吐き出す場ができます。

これは甘えではなく、必要な力なんです。

みんなが自分のことで精一杯で、
コミュニケーションが減り続けている今。
自分から助けを求める勇気が必要です。

ひとり悩んでいるところから抜け出し、
さくさくと前に進んでいくために、
「**相談力**」を身につけていきましょう。

はじめに

「ひとりでできて、えらいね」
「自分の力でできるようになろうね」
「人様に迷惑をかけちゃダメだよ」

子どものころ、両親や周囲の大人たちからそう言われたことはありませんか？
ひとりで頑張ることがいいことなのだ、人に迷惑をかけてはいけないのだと信じて、これまで生きてきませんでしたか？

なんでもひとりで頑張ってきたあなた。仕事を始めてからも、人の手を煩わせることなく、できる限りひとりでこなしてきたはずです。達成感も覚えていたし、すべてうまく回っている感じもあったでしょう。

でも、なんだか最近疲れる。うまくいかない。プレッシャーは大きくなるのに達成感がない。もう体も心も壊れてしまいそう……。そんなふうに感じていませんか？

私は公認心理師として、あなたのように悩んでいる人にたくさんお会いしてきました。皆さん、とてもまじめで一生懸命。上司や同僚の期待に応えようと必死に頑張っています。でも「頑張りが空回りしている感じがする。やってもやっても仕事が終わらない。疲れてしまった」と訴えるのです。

そして口をそろえて言うのが、

「自分はこの仕事に向いていません」

「能力がないんです」

「まだ頑張りが足りないと思います」

という自分を責める言葉。

もしもあなたが同じように自分を責めているのなら、今日限りでそれはおしまいにしましょう。なぜなら、あなたがつらいのは、能力がないからでも、頑張りが足りないからでもないからです。

本当の理由は、ひとりで頑張っているから。「ひとりでやらなければ」「人に迷惑をかけないようにしなければ」という強い思いに縛られているがゆえに、誰にも「相談」できず、ひとりで問題を抱え込んでしまっているからなのです。

仕事においては報告・連絡・相談、いわゆる「報連相」が大事だといわれています。でも、よく考えてみると、報告、連絡に比べて、相談は少しハードルが高いですね。報告や連絡は、事実をそのままわかりやすく伝えればいいのに対して、相談は自分が抱えている問題を解決するために、人の力を借りて一緒に考えたり、考えてもらったりする行為です。「人に頼る」という時点で、心理的にハードルが高いと感じてしまいます。

そもそも私たち日本人は、「人に迷惑をかけてはいけない」「弱音を吐いてはいけない」「悩みを人に話すのは恥ずかしいこと」と言い聞かされてきました。まるで武士のようですが、そういった固定観念は今なお社会に残っていて、困ったことや悩みを抱えたときに、すぐに「相談しよう」とはなかなか思えません。

それに私たちは、相談の仕方を教えてもらったこともありません。

職場では「何かあったら相談してね」と上司は言うけれど、いつ相談したらいいのか、どんなふうに相談したらいいのかよくわからないし、本当に相談してもいいものなのだろうかと戸惑ってしまいますよね。なんだか逃げているようにも感じてしまいます。

そして気づいたら、ひとりではどうしようもないくらい抱え込んでしまっていて、上司はあなたにこう言うでしょう。

「なんで早く言ってくれなかったの?」

そんなこと、もう繰り返したくはないですよね。

でも、相談できればもうしているし、そもそも相談したところで状況は変わらない、そう思っているかもしれません。

この本は、相談の力とその具体的な方法をお伝えする本です。

誰でもスムーズに相談できるようになる方法を、具体的に、わかりやすくまとめました。ひとつずつ実践することで、相談に対する抵抗感が薄れ、仕事を抱え込まなくなります。

チャプター1では、あなたが今なぜしんどいのか、その要因を分析します。よかれと思って頑張っていることが、実は自分自身を苦しめていたというのは、よくあること。あなたがどこで無理をしているのか、そしてそのしんどさを相談で解決していくイメージもお伝えします。

チャプター2では、あなたが人に相談できない理由を探っていきます。

「相談したほうがいいのかも」と思っても、「相談したって何も解決しない」とか、「迷惑だから、なるべくひとりで頑張るべき」という思いがあると、躊躇してしまいます。また、相談したくてもできない環境があるのかもしれません。

あなたが相談できずにいる本当の理由はどこにあるのかを探り当てることで、自分自身に対する理解が深まります。同時に、仕事を抱えてしまう自分を責める気持ちも和らいでいくことでしょう。

チャプター3では、相談できない理由を乗り越える方法を紹介します。立ちはだかる壁は大きくふたつ、自分の心と周囲の環境です。自分の心にある壁とは、不安や恐れ。それを乗り越えるには、心理療法を応用した方法が効きます。周囲の環境に要因があるなら、いつもと視点を変えて、ほんの少し新しい行動をすることで、するっと乗り越えることができます。

チャプター4では、相談の準備をします。相談するためには「どんな悩みを、どう変えたいか」を言語化することが大切です。まずは、あなたの今の問題を整理しましょう。カウンセリングでも使っている質問を投げかけますので、答えてみてください。きっと、ぐちゃぐちゃになっていた心の中が整理されて、何を、どう相談したらいいのか見えてくるはずです。

そしてチャプター5では、「力になってあげよう」「助けてあげたい」と相手に思わせる、相談フレーズを教えます。

言葉選びひとつで、相手の受け取り方やあなたに対する印象はがらりと変わります。普段カウンセリングをしているとよくわかりますが、質問の仕方で相手の答えやすさも変わるのです。「そんなこと聞くなよ」と突き放されてしまうひとことを、相手の心を動かすひとことに変えていきましょう。

人に相談するのは、弱いことでも恥ずかしいことでもありません。むしろ、弱さをさらけだすことができる人はとても強い、かっこいい人だと、私は思います。ちょっと気になったことをさらっと相談できる人も素敵だなと感じます。

カウンセリングでも、「こんなことで相談に来てよかったんでしょうか」と、おずおずと聞く人がいますが、悩みに大きいも小さいもありません。どんなに小さいと思うことだって、どんどん相談していいのです。

人に相談したり頼ったりすることで、今まではるかに仕事がうまく進むようになります。まわりの人たちと互いに相談しあうようになると、思いもよらなかったアイデアやひらめきが生まれ、大きな喜びを感じる経験をするかもしれません。

何より、頼れる人がいるということは、大きな心の支えになります。孤独感が和らぎ、安心感に包まれるでしょう。

あなたはもう、ひとりではありません。この本を読んでいる間は私が、本から目を上げれば、まわりにたくさんの頼れる人たちがいます。

今はひとりでいろいろなものを背負っているかもしれませんが、この本を読みながら少しずつ、その荷物をおろしていきましょう。

目次

はじめに …6

chapter ❶

頼るのは逃げではないですか？

あらゆる悩みは「相談力」で解決できる …22
ひとりで頑張ってしまう理由 …24
相談は最終手段ではなく、最初の手段 …30
助けを求める力が重要な時代 …33
相談は問題解決だけではない …35

chapter ❷

相談したって何も解決しないのでは？

相談することを阻んでいる「ふたつの壁」……42

［自分の中にある壁］

相談すると拒絶される……46
無知だと思われたら評価が下がる……48
人に迷惑をかけてはいけない……50
相談なんかしたって解決しない……52
弱みを見せたくない……54
自分には相談する資格はない……56
大変なのは自分だけじゃない……58

［自分の外にある壁］

意見を言いにくい雰囲気……62
人手が足りず、みんな余裕がない……64

上司が話を聴いてくれない　…66
リモートワークで職場の人に会えない　…68
自分の問題は自分で責任を取れという風潮　…70
相談できる自分になる3ステップ　…72

chapter ❸

相談できる人がいないときは？

ふたつの壁を乗り越える　…76

［**自分の中にある壁を乗り越える**］

拒絶される不安は調べてわかるかで判断　…79

迷惑をかける心配には視点をチェンジ　…81
相談してもムダというあきらめは
「スモールステップ」で取り払う　…84
無知だと思われる恐れは自分への「3つの質問」で確認　…87
がっかりされたくないなら似た人を見てみる　…90
「みんな大変だから」という遠慮は「親切貯金」で捨てる　…93
頼れる人がいないと思ったら試しに甘えてみる　…97

［**自分の外にある壁を乗り越える**］

忙しい人に相談するには3つのポイントを押さえる　…101
意見が言いにくい職場なら逃げ道を作る　…105
相談相手がわからないなら4つのポイントで見極める　…108
気持ちが落ちたときはコーピングで心を鎮める　…112

chapter 4

いいアドバイスをもらえなかったら？

相談には準備が必要 …116

紙上カウンセリングで悩みを整理 …118

何を相談すべきかわからないなら雑談する …122

「私はどうしてほしい？」を考える …126

納期に遅れそうなら「道具的支援」をもらう …129

知識不足で手が止まるなら「情報的支援」をもらう …131

仕事に自信がもてないなら「評価的支援」をもらう …133

落ち込んだなら「情緒的支援」をもらう …135

考えの合わない人には「DESC法」で話す …138

chapter 5

なんて相談したらいいですか？

相手が答えやすいフレーズに言い換える ……144

【相談フレーズ1～20】

×どうしたらいいですか？ ……146／×今ちょっといいですか？ ……148／×相談したいです ……150／×キャパオーバーでもう無理です ……152／×会社を辞めたいです ……154／×急に頼まれるのは困ります ……156／×異動したいです ……158／×課長に叱られてばかりでうんざりです ……160／×資料を作ったのですが、どうでしょうか？ ……162／×これは私の仕事じゃないと思いますけど？ ……164／×先輩からパワハラされています ……166／×タスクがいろいろあって混乱しています ……168／

×●●さんと合わないので、ペアを変えてもらえませんか？　…170／×仕事がA案よりB案のほうが断然いいのではないでしょうか？　…172／×仕事がわからなくて心が折れました　…174／×この案件を頼んでいいですか？　…176／×この業務はあなたに一任してもいいですか？　…178／×あの人のせいでイライラしています　…180／×あの人、全然仕事しませんよね？　…182／×この仕事は私に合っていないと思います　…184
おわりに　…186

chapter ❶

頼るのは逃げではないですか?

あらゆる悩みは「相談力」で解決できる

あなたは今、どんな悩みを抱えていますか？

仕事が思うように進まない、成長できている実感がない、認めてもらえない、やりたい仕事ができていない……。その悩みはひとつではないかもしれませんね。

でも、もしかすると**その悩みは、「相談」だけで解決するかもしれません。**

実は私も、相談できない人でした。

出版社の新入社員だったころのことです。雑誌の編集部で少しずつページを担当させてもらうようになっていたある日、取材した店の地図を作ることになりました。地図を作るのは初めてで、何をどうすればいいのかまったくわかりません。しかし、当時の私は失敗をしては編集長に怒られる、の繰り返しで、編集部で役に立てていないと感じていたので、誰かに聞く勇気ももてませんでした。だからこそひとりでなんとかしようと思いましたが、どうしたらいいかわかりません。

私は、机の前でじっと固まったまま、動けなくなりました。

そんな私を助けてくれたのは、ある先輩でした。固まり続ける私を見るに見かねたのでしょう、「船ちゃん、何やってんの?」と声をかけてくれたのです。

地図の作り方がわからないと話したら、先輩は大笑いしながら「そんなことで悩んでたの? こうすればいいんだよ」と、やり方を教えてくれました。教わってみたら、そんなに難しいことではありませんでした。

先輩は続けて「わからないことがあったら遠慮なく聞いていいんだよ」と言ってくれました。その優しい言葉に、とても安心したことを覚えています。

大した仕事もしていない自分が、忙しい先輩の手を煩わせることなんかできない。かたくなにそう思っていた私ですが、この出来事で考え方が変わりました。

助けてくれる人はまわりにたくさんいる。

困ったときにちょっと相談することで、ものごとは動き出す。

人に話すだけで、驚くほど気持ちがラクになる。

そんなふうに思えるようになったのです。

ひとりで頑張ってしまう理由

相談すれば悩みが解決すると言われても、自分の問題はそんなに単純ではない、と思ったかもしれませんね。

ではなぜ、そんなに行き詰まってしまうのでしょう？

あなたはきっと、仕事がうまく進められるよう自分なりにさまざまな工夫をしているのだと思います。会社に貢献できるように、まわりに迷惑をかけないように、と。

そうやっていつも無理をして頑張っていませんか？

もしかしたら、その頑張りがあなたをひとりにして、逆に苦しめてしまっているかもしれません。

では、人を頼らずに結果を出そうと、私たちがついつい取ってしまいがちな行動を見ていきましょう。

① 優先順位をじっくり考えてから仕事に臨んでいる

優先順位をつけるのは仕事の基本。優先順位をつけることで効率的に仕事を進めることができる、ともいわれています。でも、本当にそうでしょうか。

私がかつて取材をした、ある大企業の社長は、「優先順位は一切つけない」と言っていました。「優先順位をつける時間がもったいないから、とにかく仕事は来た順番にこなします」と言うのです。その社長は、部長になったころから一切残業をしていないとのこと。**優先順位をつけないからこそ、手をつける順番に迷いがなくなり、仕事が早く終わる**のだと話していました。

そもそも、あなたがつけている優先順位は本当に正しいものですか？　重要で緊急度の高いものが優先だといわれていますが、仕事の重要度はどのように見極めたらいいのでしょうか？

ある程度、経験を積んだ人なら判断がつくかもしれません。ただ、その仕事を始めたばかりであれば、見極めは難しいでしょう。そこがわからないまま、ひとりで優先順位をつける時間を取ること自体、もったいないのかもしれません。

② なんでも自分で調べ、解決するよう心がけている

知りたいことはなんでもすぐに調べられる時代です。仕事でわからないことが出てきたときは、まずネットで調べているのではないでしょうか。

わからないことを上司に相談したところ、「そんなこと自分で調べなさい」と言われてしまった経験がある人もいるでしょう。そんな経験があると、相談すること自体が怖くなりますよね。つまらないことで相談してしまった自分を責めた人もいるでしょう。そうして、「とにかく自分で調べなければいけない」と強く思い込んでいるのかもしれませんね。

しかし、自分で調べられることには限界があります。

今はAIにも気軽に質問や相談ができますが、回答が正確とは限りません。

また、そもそも調べる方向性を間違えていることもあります。だとしたら、一生懸命調べた時間がムダになってしまいますね。

まず自分で調べることはとても大事ですが、なんでもすべて自分で調べようとすると、かえって混乱してしまう可能性があるのです。

③上司の話に「はい」と元気に返事をする

上司の話をよく聞くことは大切です。あなたも入社以来、上司の指示や教えを一生懸命聞き続けてきたことでしょう。でも、その姿勢がかえってよくない事態を招くこともあります。

「はい」と元気に返事をするのは、とても素直な態度ですが、上司の意図や思いをきちんと理解できていない可能性があります。

もし、「ちゃんと聞いているのか？」と言われた経験がある人は、言葉になっていない上司の思いを受け取れていないのかもしれません。言葉の表面上の意味だけを受け取って作業をし、後になって「そんなこと言っていないよ」と言われ、誤解していたことに気づいた。そんな経験をした人も多いでしょう。

ただ「はい」と返事をするだけではなく、上司の言葉を繰り返したり、「今の話は○○ということですね」と要約したりすると、相手が伝えようとしていることをしっかり理解することができます。

④ 忙しい上司や先輩の邪魔をしないようにしている

「相談したいけど、上司や先輩がいつも忙しそうで、いつ声をかけたらいいかわからない」という人によく出会います。相談をすると時間を使わせてしまうから申し訳ない、迷惑をかけたくないと言うのです。そんなふうに、忙しい上司や先輩の邪魔をしないよう気を遣うことはありませんか？

人に気を遣うのは、とても素晴らしい心がけです。でも、そのことと、わからないことがあるのに邪魔したくないからと我慢するのとは別。聞きたいことも聞けず、ひとりで頑張ろうとすると、悩みから抜け出せなくなります。効率も落ちて、なかなか成果を出せなくなり、最終的に周囲に迷惑をかけてしまうことになりかねません。

仕事は、基本的にチームで行うもの。それぞれが持ち味を出しあって、総合力で目標を達成していくものです。ですから**何かにつまずいたときには、ほかの人の力も借りて前に進むことが必要です。**自分ひとりで判断すると、間違った方向に進んでしまうかもしれません。

⑤ 会社で感情は出さないようにしている

会社は仕事をするところ。イライラしても、悲しくなっても、感情を出してはいけない。そんなふうに、ぐっと気持ちをこらえていませんか？

イライラを前面に出して怒る上司を見て、「みっともない。大人げない」と感じ、自分は感情的にはならないようにしようと、反面教師にした人もいるでしょう。たしかに仕事の場面で、感情的になって怒鳴ったり泣きわめいたりするのは、あまりいいことではありませんね。

でも、ときには感情を出すことも大切なのです。

例えば失敗して激しく落ち込んでいるとき、誰かに励ましてもらえたら、立ち直ることができますよね。さらに、当人だけでなくその様子を見ていたチームのみんなは、「ここは安心できる場所だ」と確認できます。結束力が高まるのです。

このように感情は、自分の身を守り、周囲との関係づくりに大きな役割を果たしてくれます。常にネガティブ感情を出し続けるのはよくありませんが、本当に困ったとき、不安なときなどは、気持ちを表現してもいいのです。

相談は最終手段ではなく、最初の手段

あなたをひとりにさせてしまう数々の行動を見てきましたが、その根底にあるのは、「相談は大げさなこと。簡単にするものではない」という思い。「相談はどうにもならなくなってからするものだ」という固定観念です。

仕事で重要だといわれる報連相についても、報告と連絡は早くするべきで、相談はその後、と考えているかもしれませんね。

ひとりで頑張る人ほど、相談のタイミングは遅くなりがちです。まず自分でやってみて、ひとりで解決できそうにない場合や迷いが生じた場合に相談しよう。そんなふうに、相談は最終的な手段だと考えていませんか？

例えば、疑問に思うことがあったとしても、自分なりに考え、判断して進めて、「よしできた！」という段階で上司に報告。しかし、「え？　なんでこうなるの？　これじゃあ方向性が違うよ。最初からやり直しだな」と言われてしまった。そんな経験はありませんか？

私にも同様の経験があります。研修用の資料を作成する過程で、判断に迷うことがあっても、「とりあえずこれでやっておこう」と勝手に決めて進めていました。資料を完成させて相手に見せると、「考えていたものと違うので修正をお願いします」と言われ、結果的に作成に費やした時間と労力がムダになってしまったのです。

それ以来、迷ったときはその時点で相談するようになりました。そうしたほうが、効率的に仕事を進められるとわかったからです。

あなたの中に、相談に対するネガティブな思いは隠れていませんか？　だから、ついつい後回しにしてしまうのかもしれませんね。そこで、「相談は最終手段ではなく、より仕事を進めやすくするための最初の手段」、そうとらえ直してみてください。

報連相ではなく、相報連相。

どうにもならなくなってから相談するのではなく、誤解を防ぐために、あるいは業務を確実に自信をもって進める準備として、先に相談をしてしまうのです。

相談を先にすることで、ミスをしてまわりの人に手助けしてもらわなければならないような場面も減ります。上司から「どうして早く相談してくれなかったの？」と責められることもなくなります。何より、迷うことが少なくなるので、とても気持ちがラクになります。

相談をすることは、負けでも、逃げでもありません。それどころか、あなたの相談によって、上司や同僚が、今まで気づかなかったことに気づくかもしれません。それが起点となって、新しい考え方やアイデアが生まれる可能性だってあります。

まわりの人たちと一緒に気持ちよく仕事をしていくために、もっといいものを作り上げるために、相談は欠かせない力なのです。

助けを求める力が重要な時代

心理学の世界には、「援助要請（ヘルプシーキング）」という言葉があります。文字通り、人に助けを求める行動のこと。近年、この言葉に注目が集まり、研究が盛んになってきています。というのも、ひとりでは対応しきれないような悩みを抱えているのに誰にも相談しない人が増えているからです。

厚生労働省の調査を見てみると、「職場の中で困りごとを誰かに相談した人」の割合は年々減っています。民間企業の調査でも、「相談相手がまったくいない人」は約3割という結果が出ています。

相談できずに孤立してしまうことは、社会問題になっているのです。

周囲の人だけでなく、第三者であるカウンセラーに相談をすることに抵抗感をもっている人もまだまだたくさんいます。上司や人事から勧められてカウンセリングに来たのに、「自分のことは自分で解決しますので大丈夫です」と言って部屋を後にする人もいます。疲れているはずなのに何も話してもらえないと、力になりたいという思いを受け取ってもらえなかった気がして、カウンセラーとしてはとても寂しい思いになり、同時にとても心配にもなります。

ひとりで頑張るのは素晴らしいこと。でも、ひとりの力には限界があることは、あなたもきっとわかっていると思います。

余裕があった時代なら、困った状況を周囲の人が察知して声をかけてくれました。でも、みんなが忙しい現代は、声をかける余裕がありません。困った様子にも気づいてもらえません。ましてやリモートワークをしていたら、あなたがどんな状況で仕事しているのか、誰にも見えないのです。

自分から声を上げていかないと、困った状況は伝わりません。そんな時代だからこそ、「援助要請」＝「相談」が今、とても重要なのです。

相談は問題解決だけではない

相談は逃げではなく、必要なプロセス。

でも、それだけではありません。

目の前の問題を解決するだけでなく、自分の気持ちをラクにできたり、人との関係がよくなったり、**問題のその先まで変えることができる**のです。

具体的には、次の5つの効果があります。

①悩みの核心がはっきりする
②もやもやから抜け出して前向きになる
③感情を整理できる
④メンタルダウンを防げる
⑤相手との信頼関係が築ける

①悩みの核心がはっきりする

悩んでいるとき、多くの人は悩みの本質をつかめていません。

例えば「仕事が楽しくない」と悩む人は、その原因を「仕事が自分に合っていない」「能力が低い」ことだと思いがち。でも話を聴いていくと、実は「目標を見失っていた」ことが本当の原因だとわかることがよくあります。

私たちは、自分のことを客観的に見られないものなのです。だからこそ、他人という鏡を借りて自分を映し出し、客観的に見ることが大事なのです。

②もやもやから抜け出して前向きになる

ネガティブな考えが頭から離れず、もやもやし続ける。心理学ではこの状態のことを「ぐるぐる思考」といいます。

思考とは、ものごとのとらえ方のこと。自分の価値観から生まれる、自分独自のものです。

ひとりの思考に閉じこもると、ますますネガティブになるもの。ただ、その悩みを言葉にして誰かに話せば、自分のもやもやの輪郭をはっきりさせることができます。

さらに、相手が思いもよらない考え方を提示してくれたり、解決策をくれたりすることもあります。他者の視点という刺激が加わることで、悩みの迷路から抜け出す扉が開かれるのです。

③ 感情を整理できる

相談することは、話を聴いてもらうこと。話を聴いてもらうと、自分の中に３つの変化が現れます。

ひとつめの変化は、「カタルシス効果」。浄化作用です。不安、悲しみ、苦しさなど、ネガティブな気持ちを吐き出すことで、すっきりします。

ふたつめの変化は、「アウェアネス効果」。気づきの促進という意味です。話を聴いてもらうことで自分を客観視でき、今まで見えていなかったことが見えたり、気づかなかったことに気づけたりすることです。

すると、自分はどうしたかったのか、どうすればいいのかがわかるようになります。そこに気づいたときには、悩みはもう解決に向かっているのです。

３つめの変化は、⑤でお話しします。

④ メンタルダウンを防げる

私は仕事柄、メンタルダウンしてしまった人をたくさん見てきました。彼らの多くが、人に相談できずひとりで頑張り続けていました。様子がいつもと違うことに気づいたまわりの人に勧められてカウンセリングに来るのですが、そのときにはもうエネルギーがほぼない状態。うつっぽくなっているケースもめずらしくありません。

一方、同じような状況にあっても、メンタルダウンすることなく健康に働いている人もいます。その人たちは、人に相談したり、助けてもらったりすることをためらいません。それは「自分を過信していない」から。

ひとりでできることには限界があります。そのことを認めて、自分の限界に到達する前に助けを求めることが、自分の心を守るためにはとても大切なのです。

⑤ 相手との信頼関係が築ける

誰だって、信頼できない人には相談しません。相談をもちかけること自体が、「あなたは信頼に値する人です」という「心のギフト」なのです。

相談すると相手に迷惑をかけるという心配は不要。迷惑どころか、「人の役に立ちたい」という人間の本能をくすぐられて、嬉しい気持ちになる人が多いものです。

相談をすると、自分の中で「バディ効果」が生まれます。これが、話を聴いてもらうことで現れる変化の3つめ。「この人は自分のことを理解しようとしてくれている」「わかってくれる人だ」と感じると、安心感を抱きますよね。そして、信頼して心を開こうという気持ちになります。これが、「バディ効果」です。

つまり相談は、相手に信頼という心のギフトを贈る行為であり、自分の相手への信頼を深める手段にもなるというわけです。

chapter ❷

相談したって何も解決しないのでは？

相談することを阻んでいる「ふたつの壁」

ここまでで、あなたの中の相談に対する考えは、少し変化しましたか？
相談してラクになれるイメージは湧いたでしょうか？
とはいってもそう簡単には……という思いがまだ強いかもしれませんね。

あなたの中にある思いが気軽に相談することを阻んでいるとお話ししましたが、実はそれだけではありません。実は、あなたの周囲の環境にも、相談を阻むものがたくさんあります。

ある調査によると、人に相談をしない理由として、「誰に相談したらいいかわからない」「中立的な意見がもらえそうにない」といったものが挙げられていました。職場で相談したくても、相談相手にふさわしい人が見つからないこともあるでしょう。

働き方改革の影響で、決まった時間の中で、濃く、効率的に仕事しなければいけないために、相談する余裕もないこともあるかもしれません。

そんなふうに、あなたを取り巻く状況の中に、相談できない理由があるのではないでしょうか。

自分の中にある思いと、自分のまわりの環境。いってみれば、**自分の中にある壁と、外にある壁。この「ふたつの壁」が、相談したいけどできない状態を作っているのです。**ひとりで仕事を抱え込まないために、もっと気軽に相談できるようになるには、この「ふたつの壁」を乗り越えることが必要です。

ここからは、相談を阻んでいる「壁」を見つけていきます。あなたの中と外にどんな壁があるのか、見極めてみてください。

自分を阻んでいるものはなんなのかがはっきり見えてきたら、後はその壁を乗り越えればいいだけです。まずは自分と、自分のまわりの環境に向き合ってみましょう。

自分の中にある壁

私たちが気軽に相談できないのは、自分の中にある壁と外にある壁、「ふたつの壁」があるから。ここからは、あなたが相談できない本当の理由はどこにあるのかを探っていきましょう。

自分の中にある壁とは心理的な要因、心のクセのようなものです。

生まれてから今日に至るまで、あなたはいろいろな経験をしてきました。親やまわりの人たちから、さまざまな教えも受けてきましたね。その過程で、あなた独自の価値観が作られてきました。価値観は個性であり、自分を守ってくれる大切なものですが、ときにはそれが心のクセとなり、ストレスを生むことがあります。

例えば、両親から「時間は守りなさい」と教えられ、少しでも時間に遅れたら厳しく叱られた経験があると、「時間は絶対に守らなければいけない」という価値観をもつようになります。

「時間は絶対に守らなければいけない」という価値観で世の中を見ていると、時間を守らない人に対して「時間を守れないダメな人だ」というレッテルを心の中で貼ってしまうかもしれません。そして、相手をきつく責めてケンカになるかもしれません。文句を言わなかったとしても、「時間を守らないなんて許せない」という怒りが湧いてきて、イライラしてしまうでしょう。

こうなると、価値観はストレスを生む心のクセとなってしまいます。

あなたの中には、さまざまな価値観があります。その中の何かが、相談したり、人の助けを借りたりすることを阻んでいるのかもしれません。

では、相談を阻む理由になる価値観にはどんなものがあるのか、自分に当てはまるものを探してみましょう。

相談すると拒絶される

上司に勇気を出して相談をしたら、「それくらいは自分で考えて」と拒絶されてしまった経験はありませんか？

助けを求めたのにいい加減な対応をされたことのある人は、意外と多いものです。また、子どものころに、親に相談をして同様の反応をされた人もいるかもしれません。

信頼する相手に受け入れてもらえなかった経験は、後々まで心の傷になります。本当に胸が痛むこともあるでしょう。相手は何気なく取った言動かもしれませんが、受けた側はとても傷つきますよね。

一度そういう経験をすると、「相談すると拒絶される」という思いが生まれ、相談すること自体が怖くなってしまいます。 そして、「気軽に相談などしてはいけない、自分が傷つくだけだ」という思いが強くなるのも当然です。

たまたまタイミングが悪いだけだったかもしれません。でもその一度の経験で、相談へのハードルは高くなってしまうでしょう。

無知だと思われたら評価が下がる

私は出版社で働いていたときに、周囲の人から「そんなことも知らないの？」と言われた経験があります。わからないことを聞いたり相談したりしたときに、このセリフが返ってくるのです。無知であることをバカにされたように感じました。

今振り返ると、知らないからといって問題があるようなことではなかったのですが、当時の私は「無知だと思われてしまった」と大きく傷つきました。なぜなら、**無知だと思われると評価が下がると思い込んでいたからです。**

評価を下げたくなくて、また「そんなことも知らないの？」と言われるのが恐ろしくて、私は次第に相談できなくなっていきました。それだけでなく、人前で発言することも怖くなっていました。

誰にだって知らないことはあります。だから質問や相談をするわけですが、このような思いがあると、どうしても相談を躊躇してしまうものです。

人に迷惑を かけてはいけない

相談することは人の時間と労力を奪うこと。つまり迷惑をかけること。小さいころから「人に迷惑をかけてはいけません」と言われてきたから、相談をして迷惑をかけるなんてできない。ましてや上司や先輩はいつも忙しそうで、手間を取らせるのは申し訳ない――そんなふうに思っていませんか？

実は、このような価値観をもつ人はとても多いのです。私のところに来る相談者の中にもたくさんいます。人に気を遣うまじめな人、仕事の能力が高い人も多く、誰かに相談されたり頼られたりして、それこそ「迷惑をかけられて」います。なのに、自分からは相談ができないのです。

そもそも、人に迷惑をかけずに生きることなどできません。自分では迷惑をかけていないつもりでも、どこかで人に負担をかけていたりするものです。つまり、お互いさま。そのことを認識することが大切です。

相談なんかしたって解決しない

自分の問題は自分で解決するもの。人に相談したからといって答えが出るわけではない。いつだって自分のことは自分で答えを出してきたから、人に相談する必要はない――。

こういった思いの裏には、他人や会社を信頼できない、あきらめの気持ちが隠れていたりします。過去に相談をうまくできなかった経験をすると、そんな気持ちが心の奥底にとどまってしまうことがあるのです。ゆえにいつも孤軍奮闘していて、まわりが手を差し伸べても、それを突っぱねたりします。

それが続けば、まわりの人たちも手助けをしようとしなくなります。そして、ますますひとりになってしまいます。

メンタルダウンした人が、「まわりの人は誰も助けてくれなかった」と言うことがあるのですが、周囲にヒアリングをすると、むしろその人が助けを求めようとしていなかったことがわかります。

あなたの中にこの思いがあるとすれば、過去の痛みがまだ尾を引いているのかもしれません。

弱みを見せたくない

人に相談するということは自分の弱みを見せること。「そんなこと怖くてできない！」という人も少なくありません。

私はうさぎを飼っているのですが、うさぎは具合が悪くてもそれを隠そうとする習性があります。弱いところを見せると捕食されやすいため、つらくても平気なふりをするという野生の習性が残っているのです。

弱さを見せるとつけこまれる、がっかりされる、評価が下がる。そんな恐れを抱いている人は、さながらうさぎのよう。

弱みを隠すと、難しいと思える仕事を振られたときでも、「大丈夫、できます！」と言い切ってしまいます。苦しくなっても助けを求められません。

人の期待に応えたい思いが強いということでもありますが、**ひとりで頑張って最終的に期待に応えられない結末を迎えたとしたら、自分で自分にがっかりしてしまうでしょう。**

自分には相談する
資格はない

ある調査によると、職場で自分が役に立てていない、大した働きをしていないという思いがあるほど、相談しにくくなるそうです。

貢献できていれば、その分リターンをもらってもいいという思いが自然と湧いてきて、相談もしやすくなるでしょう。しかし、**貢献できていない感覚があると、人の手を煩わせることのハードルが高くなってしまいます。**

新入社員のうちは、上司や先輩が「相談していいんだよ」と言ってくれるのでまだいいのですが、2年目以降になると話は別。

「もう新入社員ではないんだからしっかりしなくちゃ！」という意識が生まれます。そこに、役に立てていないという思いが加わると、とたんに相談しにくくなってしまうのです。

根底には、「私はできる」という自信である「自己効力感」の低さが隠れています。「自己効力感」を高めるには、成功体験を積むことが重要。そのためにも、相談をしたうえで、さまざまなことにチャレンジするプロセスが必要です。

大変なのは
自分だけじゃない

ふとまわりを見渡すと、上司も先輩も忙しそう。同僚を見たら、自分以上に仕事に追われている。

「ああ、やっぱりみんな大変だ。助けてなんて言えない」

心優しいあなたは、そんなふうに思ってしまうことがあるかもしれません。

自分なんかよりみんなのほうがずっと大変だと、いつも遠慮をしてしまう。大変なときに迷惑をかけるわけはいかないからと、結局、自分ひとりでなんとかしようとしてしまう。そして、なかなか仕事が終わらない。

優しいから、思慮深いからこそ、そんなふうになってしまうのでしょう。

しかし、その遠慮は本当に正しいのでしょうか。

まわりの人たちも大変かもしれませんが、あなたも大変なのです。**あなたの大変さを誰よりも救えるのは、あなた自身です。**

周囲を大事にできても自分を大事にできていない。そのことに気づきましょう。

自分の外にある壁

自分の中にある壁は、自分ひとりの問題。自分と向き合って、ちょっとずつ気持ちや行動を変えていけば乗り越えられるイメージをもちやすいかもしれません。

一方で、「どうにもならない」と思われがちなのが、自分の外にある壁。職場の環境や人間関係、空気感によるものです。

あなたがどんなに人の助けを求めよう、相談しようと思っても、それができない環境に身を置いているのかもしれません。

これには時代背景による影響もあります。

かつての日本の会社は、とてもアットホームでした。夜は「飲みニケーション」をし、休日にはみんなで出かけ、たくさん会話をしていました。長時間労働という問題はありましたが、密度の濃いコミュニケーションをしていたために、今よりもはるかに相談できる機会が多かったのです。

そんな環境、今では信じられないかもしれませんね。

リモートワークを導入する企業が増え、会社の人と顔を合わせる機会も少ないでしょう。またメールやさまざまなチャットアプリの普及により、そもそもコミュニケーションの機会も減っています。

すぐ隣にいれば雑談レベルで相談できることも、メールやチャットでは見えない相手の状況を想像しながら言葉も選んで送らなければいけません。コミュニケーションが自然と減っていったことは想像に難くありません。

あなたが今いるところは、どんな環境ですか？

まずは自分の外にある壁に気づくことで、その環境を改善する方法はあるのか、もしくは自分にはどうにもできないから別の環境に身を置くべきなのか、考えてみましょう。

意見を言いにくい雰囲気

今話題になっている「心理的安全性」という言葉。これは、「意見や考えを述べてもバカにされたり否定されたりしない安全な状態が職場内に保たれていること」を意味します。Googleが、生産性の高いチームに共通する要素を調査した結果、「心理的安全性」が高いことだとわかったのです。

一方で、「心理的安全性」が低い職場もまだまだ多いのが現状です。意見を言うと頭ごなしに否定される、知らないことがあるとバカにされる、ミスをすると叱責されるということが日常的に行われている職場は、まったく健全ではありません。

上司の意見に反論をすることも、日本ではいまだにタブー視されていたりします。**しかし、上司の意見がいつも正しいとは限りません。**本来であれば、自分の意見を述べつつ、よりよい結論を出すために相談をすべきですが、それも許されない職場が多いようです。

そんな職場に身を置いていると、お互いに信頼を築けるはずもなく、相談したり助け合ったりすることもできなくなります。

人手が足りず、
みんな余裕がない

今、どの業界でも人手不足が深刻です。それだけでなく、転職が簡単にできるようになったこともあり、離職率が高まっている職場もとても多いのです。人が入ってきてもすぐに辞めてしまう。長年力を尽くしてくれた中堅が辞めてしまう。そんな状態に頭を悩ませている職場を、私もたくさん見てきました。

人手が足りないと、ひとりあたりの仕事量が増えますから、みんなの気持ちに余裕がなくなります。相談をしてもしっかり向き合ってもらえなかったり、「忙しいから後にして」と言われてしまったりします。新しい人が入ってきたとしても、仕事を教える必要がありますから、誰かの仕事がまた増え、ますます余裕がなくなります。

あなたもみんなも、いつもバタバタ。そのような状態だと、相談できずにひとりで頑張らざるを得ないでしょう。相談したいのにできない、しても思うような対応をしてもらえない。そんな状況の人は少なくないはずです。

上司が話を聴いてくれない

「上司が話を聴いてくれない」という悩みは多いものです。相談をもちかけても一方的に指示したりダメ出ししたりするだけで、自分の考えやこれまでのプロセスをまったく聴いてくれない。おかげで相談するたびに情けない気持ちになってしまい、相談する気が失せてしまった。そんなエピソードをよく聴きます。

上司に相談できないなら、先輩に相談しよう。そう思っても、先輩も忙しそうなことが多いですよね。それに、重要な案件に関しては、先輩に相談しても答えが出ないこともあるでしょう。

上司がちょっと頼りない場合も同じです。相談しても「経験がないからわからないなあ。もうちょっと調べてみて」なんて言われてしまったら、「上司ガチャに外れた」なんて思ってしまう人もいるでしょう。

「相談できる人がいない」という悩みは、いちばん切実なのかもしれません。

リモートワークで職場の人に会えない

コロナ禍でリモートワークを導入する企業が増えました。行動制限がなくなった今も、そのまま継続している会社も多いようです。

リモートワークは、通勤ストレスがないので体がラクだし、時間も有意義に使えます。しかしその反面、会社の人に会えないので、相談しにくくなったと感じている人が多いのも事実です。

会社にいれば、近くにいる人にちょっと声をかけて疑問をぶつけたり、意見を聞いたりすることもできますが、家で、ひとりで仕事をしているとそうはいきません。チャットやメールなどで相談することになるわけですが、聞きたいことを簡潔に文字でまとめるのはなかなか難しい作業で、時間もかかります。相手からすぐに返信があるとも限らず、困りごとや悩みの解消がすぐにできないものです。

そうなると、相談することをためらってしまいますね。**物理的にも心理的にも孤独になってしまいます。**

自分の問題は自分で責任を取れという風潮

「自己責任論」という言葉があります。自分の問題は自分が作り上げたものだから、すべて自分の責任だ、自分で責任を取れ、という考え方です。ネット上では、この考え方を振りかざして他者を叩いている光景を見かけることがありますね。

自分のことは自分でなんとかしているという自負が強い人ほど、この論理を振りかざします。

あなたの会社にもいますか？　あるいは、あなた自身がこの考え方を強くもっていますか？

この考え方が自分の中やまわりの人たちの中に強くあると、何か問題が起きても自分で解決しようとします。

特に、会社の中に「自己責任論」が渦巻いていると、気軽に相談できないのも当然でしょう。叩かれたくなくて、問題を隠そうとしてしまうかもしれません。それでは、相談どころではなく、そこにいるだけでストレスがたまってしまいます。

相談できる自分になる3ステップ

では次の章からは、相談できる自分になるために何をすればいいのか、具体的にお伝えしていきます。

それは、「相談できる自分になる3ステップ」です。

①自分の中にある壁と外にある壁を乗り越える
②悩みを整理し、相談の準備をする
③答えやすい相談フレーズを使う

第1のステップは、「①自分の中にある壁と外にある壁を乗り越える」です。

あなたが相談できない原因は、自分の中にある壁と外にある壁、ふたつの壁があるから。それぞれの壁を乗り越えること＝思い込みという見えない敵を取り払うことで、あなたの中の相談のハードルが下がっていきます。

第2のステップは、「悩みを整理し、相談の準備をする」です。

壁を乗り越えて、「さあ相談しよう!」と思っても、何から話せばいいのか、相手にどんなふうに助けてもらえばいいのかがわからないと、戸惑ってしまいます。相談には、準備が必要です。その準備の仕方をお話しします。

そして第3のステップは、「答えやすい相談フレーズを使う」です。

相談することとは、相手の時間をもらい、相手の力を借りること。相手に「この人の力になりたい」「助けてあげたい」と思ってもらうことが大事です。つまり、相手の心を動かすことが必要なのです。

相手の心を動かすには、準備と併せて「言葉」が重要。どういう言葉をチョイスするかによって、相手の心は変わります。

そこで、相手が答えづらい言葉を、相手が答えやすい言葉に変換するポイントをご紹介します。

この3つのステップの通りに動くだけで、あんなに億劫だった「相談」が驚くほど簡単にできるようになります。きっと、「相談って、こんなに気軽にしてよかったんだ」と感じられるようになるでしょう。

そして、「相談することによって仕事がスムーズに進められるようになった！」という感覚も得られるはずです。

それだけではありません。すでにお話ししたように、相談することによって仕事も人間関係もうまく回りだすようになります。ひとりで頑張らなくてよかったんだ、という思いがじわじわと湧いてくると思います。

それでは、「相談の力」を信じて、3つのステップの実践へと進みましょう。

chapter
❸

相談できる人がいないときは？

ふたつの壁を乗り越える

第1のステップは、「自分の中にある壁と外にある壁を乗り越える」です。ふたつの壁を乗り越えれば、相談できる自分に大きく近づくことができます。

その方法は、決して難しくはありません。今までと少し違うことを試して、「壁」という思い込みを捨てるだけです。

私も思い込みをなくすことで、相談できるようになりました。

新人だった私の中には、「役に立てていない」「チームの一員としてなじめていない」という思い込みがありました。だから相談できずにいたのですが、「このままでは仕事をスムーズに進められない」と気づき、いつもと違う方法を試してみることに。

上司や先輩にいきなり相談するのはハードルが高かったので、同期にまず相談してみようと思い立ったのです。わからないことがあったとき、迷ったときなど、雑談をする感覚で相談してみようと。それなら構えずに臨むことができると思いました。

同期に相談するようになると、思いがけないことが起こりました。

相談した内容だけでなく、それ以外のアイデアまでふくらむようになったのです。例えば、誌面に使う写真選びの相談を同期にもちかけ、いろいろ話していると、ページのタイトルがふと浮かぶといったこともありました。同期も嫌な顔をするどころか、楽しそうに相談に応じてくれます。

「相談って、自分にとっても相手にとっても有意義なのかもしれない」と思えた瞬間でした。それ以降は、先輩にも、やがて上司にも、少しずつ相談できるようになっていきました。

「同期に相談する」という新しいことを試して、「役に立てていない私が相談してはいけない」という思い込みを捨てることができたのです。


あなたが見ているのは、自分の周囲に広がる風景の一部に過ぎません。

これからお伝えする方法で視野をぐっと広げて、あなたを縛っているものを取り払っていきましょう。

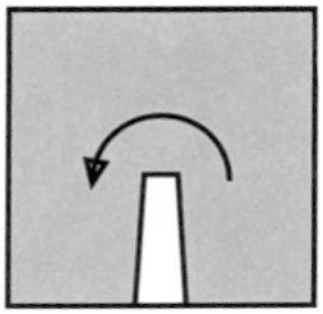

自分の中にある壁を乗り越える

拒絶される不安は調べてわかるかで判断

上司や先輩に相談したら、「そんなことといちいち聞くな!」と怒られた経験はありますか? 一度そういう経験をすると、また拒絶されるのではないかという不安がふくらんでしまいますね。

でも、「そんなこと」とは、どんなことなのでしょう?

上司や先輩の立場になって、少し考えてみてください。

それは、自分で調べたり考えたりすれば解決できることではないでしょうか。例えば、書類の形式や提出方法など職場内のルールに関することは、ルールを取りまとめた文書や過去の書類などを見ればわかります。

また、一般常識のような書籍やネットで調べればわかることも、「そんなこと」に該当するでしょう。例えば、封筒の宛名は横書きか縦書きか、いくらの切手を貼ればいいのか、このようなことはネットで調べたらすぐにわかります。自分で判断すべきことともいえるでしょう。

何かに迷って相談しようと思ったときに、一度立ち止まって考えてみましょう。「これは、調べればわかることだろうか。自分で判断していいことだろうか」と。もし自分で判断するのが不安なら、「私は○○と思いますが、いかがでしょうか？」と、自分の考えを伝えて、上司や先輩にジャッジしてもらうのもいいと思います。

それを繰り返していけば、だんだん、相談していいこととダメなことの区別がつくようになり、自分で判断できるようにもなっていきます。

そして、「調べてもわからなかったら相談していい」と思えれば、相談へのハードルもぐっと下がるでしょう。

迷惑をかける心配には視点をチェンジ

相談することは相手の時間と労力を奪うこと。つまり、迷惑をかけることだと思い込んでいる人はとても多いものです。

でも、相談は相手に信頼という心のギフトを贈ることでもあると、頭の隅に置いておきましょう。

それでもやっぱり迷惑をかけるんじゃないかと心配になるなら、「認知行動療法」を試してください。

「認知行動療法」は心理療法のひとつ。「認知」とは、ものごとの考え方のことです。例えば、朝から雨が降っている日、「ああ、雨か。嫌だなあ」と考える人もいれば、「お気に入りの傘を使える！」と考える人もいます。前者はゆううつな気持ちになり、後者はうきうきした気持ちになります。同じ状況でも、後者のような考え方ができると、毎日穏やかに過ごせるようになりそうですよね。

ストレスを感じやすい考え方を修正して、気持ちを落ち着けたり、ストレスを減らしたりするのが、「認知行動療法」です。

ただ、「認知行動療法」は自分ひとりで行うには少し難しいもの。そこで気軽に試せるセルフ認知行動療法を考えました。名付けて「視点チェンジセラピー」です。

では、次の1〜3について、順番に考えてみてください。

1　あなたが悩んでいることを思い浮かべてください。

2　仲良しの友達や同僚が、同じことで悩んでいると想像してみてください。

3　あなたは、友達や同僚になんと言ってあげますか?

例えば、「相談することは迷惑をかけることだ」と考え、誰にも相談できなくて悩んでいるとします。まったく同じ悩みを仲良しの友達がもっていたら、なんと言ってあげますか?

「そんなに心配しなくて大丈夫だよ。相談されたら力になりたいって思うものだから、気軽に相談してみたらいいんじゃない？」

「相談したほうが積極的な人だと思ってもらえるよ」

こうした言葉をかけるのではないでしょうか？　そのセリフを、そっくりそのまま、自分に言ってあげましょう。

自分のことってなかなか客観的には見られないものです。だから悩んでしまうわけですが、他人のことだったら客観的に冷静に考えることができますよね。**他人へと視点を移して、「ひとごと」として見つめてみると、今までとは違う考え方が浮かんできます。**

こんなふうに視点を変えるだけで、気持ちはスーッとラクになります。相談できなくて立ち止まってしまったときだけでなく、何かに悩んだとき、「視点チェンジセラピー」にトライしてみてくださいね。

相談してもムダというあきらめは「スモールステップ」で取り払う

相談したって自分の問題は解決しない。相談してみたことはあるけれど、思ったような答えは返ってこなかった。自分のことは自分でできなければ成長しない。

そんなふうに、相談してもムダだとあきらめていませんか？　責任感が強い人は比較的、人に頼るのが苦手です。過去に相談がうまくいかなかった経験から周囲を信頼できなくなり、あきらめている人もいるでしょう。

かつての私も、そんなふうに考えていました。

会社から独立してからしばらく、何もかもひとりでこなしていました。仕事はもちろんのこと、経理やホームページの制作まで、全部ひとりで行っていました。

そのときの私が考えていたのは、

「誰かに相談したって、この仕事のことをわかってくれるはずがない。私がやるのが、いちばんクオリティが高いはず」ということ。

「自分はなんでもできるんだ！」と証明してみせたかったのかもしれませんね。結果、すべて抱え込んでパンクしてしまいました。さらには何もかも中途半端……。

この経験を通して、人に頼ることの大切さがよくわかったのです。

自分ひとりでやりたい気持ちもよくわかります。でも、ちょっと人の知恵や力を借りるだけで視野が広がり、発想が豊かになり、選択肢も増えるものです。

とはいえ、相談を遠ざけてきた人がいきなり相談しようと思っても、すぐに行動を変えるのは難しいかもしれません。

そこで取り入れてほしいのが、「スモールステップ」という行動の取り方。目標までの道のりを区切って、小さな一歩から始めることです。

例えば、泳いだことのない人が「50m泳げるようになりたい」という目標を掲げたとします。いきなり50m泳ぐのは無理ですから、少しずつ練習を積み重ねていきますよね。最初は水に顔をつけることを目標にします。それができたら、次は浮くことを目標にします。

そうして一歩ずつクリアしていけば、やがて50m泳げるようになるのです。

いきなり大きな目標を立てる人は少なくないのですが、それでは達成が困難になり、モチベーションも続きません。

そんなときは、目標までの道のりを細かく分けて、ひとつずつクリアしていくのです。相談も同じ。**小さなことから相談することに慣れていくのです。**

最初のステップとして、小さな疑問点を人に聞いてみるのはどうでしょう？

例えば、「集中力が高まる色って何色なんだろう？」など、ふと疑問が湧いて調べようと思ったことを、人に聞いてみるのです。ささいなことほどいい実験材料になると思います。

相手は、「青だよ。青はリラックス効果もあるから集中力が長く続くんだって」など、情報提供してくれるかもしれません。あるいは、「どうしたの？　何か集中したい大事な作業があるの？」と返してくれて、思わぬ会話に発展するかもしれません。

小さなことを相談したら、誰かが力になってくれた。自分ではわからなかった解決策を提示してくれた。そんな経験が次の相談を生みます。

無知だと思われる恐れは自分への「3つの質問」で確認

相談をためらう理由のひとつ、「そんなことも知らないの？」と言われることへの恐れ。これはつまり、**「相談すると無知だと思われるんじゃないか」という恐れ**です。

無知だと評価が下がる、仕事を振ってもらえない、期待されなくなる、職場に必要だと思われなくなる……そんな思いが、あなたに相談することをためらわせているのかもしれません。

しかし、これらはすべて思い込みです。

無知だ、能力が低いだなんて、誰がどうやって決めるのでしょう？　経験したことがなければわからないのは当然ですし、誰でも得意・不得意があります。たまたま、今担当していることがちょっと苦手なだけかもしれないのです。

そもそも、相談する人は無知なのでしょうか？

思い出してみてください。学生時代、先生によく質問する人がいましたよね。その人は、能力がない、無知な人でしたか？　むしろ勉強ができる人ほど質問をよくしていたのではないでしょうか。

ですから、**相談する＝無知という認識は正しくありません。**もしも、あなたが相談したときに「そんなことも知らないの？」などと言ってくる人がいたら、「そんなふうにしか人を見られない人なのだ」とスルーして大丈夫です。

それでも踏み出せないときは、次の３つの質問を自分にしてみてください。


１「相談すると無知と思われる」と思うのはなぜ？　その思い込みは正しい？

２過去に「相談」して、ほんの少しでもうまくいった経験はある？

３自分が「相談」されたら、どう思う？


１の質問では、自分の思い込みを客観視します。その思い込みが生まれたきっかけは、自分の身を守るためだったかもしれませんが、それは過去の話です。

例えば、厳しい上司に「なぜそんなことも知らない」と叱責されたことで、「相談すると無知だと思われる」と思い込んだとしても、「そんなこと」と考えるのはその上司だけだったかもしれない。そして今のあなたならそうならないはず。過去と今を切り離したうえで、この思い込みが正しいかどうか、判断してみてください。

2の質問では過去を改めて振り返ります。すると、無意識のうちにうまくいっていた例も見つかるのではないでしょうか?

そして3の質問で、逆の立場に立ってみます。視点が変われば、考え方も変わるはず。同僚や友人から同じ相談をされたとして、それだけで失望しますか?

悩んでいること、恐れていることを、自分に質問しながら、いろいろな角度から眺めてみてください。今まで見えていなかったものが見えたり、気づかなかったことに気づけたりすることでしょう。

ちなみに、「　」の部分にそのときどきの不安や恐れを入れることで、この3つの質問はどんな悩みにも応用できます。

がっかりされたくないなら似た人を見てみる

あなたはまわりの人に、弱い自分をさらけだせていますか？

弱みを見せられないということは、自分の弱さを受け入れていないということです。完璧主義ともいえるでしょう。そういう人が、とても多いように思います。

なんでもひとりで抱え、完璧を目指そうとするのは、とても苦しいもの。まるで鎧を着てひとりで戦っているようなものですから、本人だけでなく、そんな姿を見ている周囲の人も苦しくなります。


私が記者をしていたころ一緒に仕事していた編集者のSさんは、まさにそんなタイプの人でした。細かいところにまでこだわって、決して妥協しません。いつも夜中まで会社にいて、情熱的に仕事していました。しかも誰にも相談せずにひとりで頑張っていました。

疲れているのに無理に笑顔を作っている――私にはそう見えました。その姿を見ているだけでつらい気持ちになったものです。Sさんはやがて体調を崩し、会社を休むことになりました。相談せず、人を頼らず、疲労困憊してしまったのですね。

Sさんは、弱い自分を見せるのが苦手だったのでしょう。相談することで、「できない」「わからない」「弱くてダメな」自分を見せることになると思い込んでいたため、相談ができなかったのだろうと思います。

もしも「自分にもそんな部分がある」と思うなら、同じタイプの人を客観的な視点で見てみましょう。

まわりにいなければ、マンガや小説の登場人物を思い浮かべてもOKです。

その人を見て、率直にどう感じますか？

「すごいな」「頑張っているな」と思う部分もあるでしょう。でも「苦しそうだな」「もうちょっと肩の力を抜いてもいいのに」「もっと人を頼ってもいいのに」とも思いませんか。

そんな人に声をかけるように、まずはちょっと肩の力を抜いて、「完璧じゃなくてもいいよ」と自分に言ってあげましょう。そもそも完璧にはキリがありませんし、これまでの80％できればＯＫにしてあげてください。

それに、完璧だと思った人の中に欠点を見たとたん、その人に魅力を感じたことはありませんか？　がっかりなんてしませんよね？

人は、完璧じゃないからこそ愛されるのです。だからあなたも、弱いところ、ダメなところをまずは自分で認めてあげてください。「気にしすぎてしまうところがあるけど、それでもいい。それも私」と自分を受け入れましょう。

そして、わからないことが出てきたら、素直に「わからないので教えてください」と言って、弱みを見せてしまいましょう。きっと相手は、快く教えてくれます。そして、あなたに親しみを抱いてくれることでしょう。

かっこ悪くてもいいんです。人間なんてみんな弱いんです。

かっこつけそうになったら、もうひとりの自分が「かっこつけるな！」とツッコミを入れる。そんなふうにできたら、ちょっと肩の力が抜けますよ。

「みんな大変だから」という遠慮は「親切貯金」で捨てる

「私だけじゃなくて、みんなが忙しくて大変だから」と、相談したくても遠慮してしまう人は、以前と比べて増えたと思います。たしかに、職場全体がバタバタしていると、声をかけにくいものですよね。

でも**相談しあわないことが、その忙しさの原因になっている可能性もあるのです。**

私が訪問したある職場は、常に忙しく、全員がかなり残業している状態でした。それを解消するために新しく来た課長が、ある工夫をしました。それは、会議で自分の仕事の進捗状況を発表するということ。

チームのメンバー全員が、会議で次のようなことを発表します。

今どのような仕事を抱えていて、どのように進んでいるのか。

手を貸してほしいことがあるか。
手伝う余裕があるか。
毎週、この発表を続けた結果、残業が激減したといいます。ただ進捗状況を発表しただけで、です。

仕事は、メンバーが力を出しあって、助け合いながら進めていくもの。ところがその職場では、助け合いがまったくできておらず、それぞれが自分の仕事を抱え込んでいました。それによって残業が増え、おまけにギスギスした雰囲気になっていたのです。

でも、誰が何をしているか、どのような状況なのかがわかると、「自分の仕事と連携させればうまくいくのではないか」「今週は少し余裕があるから手伝おう」といった考えがメンバーそれぞれの中に生まれ、自然と助け合いや連携が広まっていったのです。結果、職場のコミュニケーションが増え、残業も減ったとのことでした。

もしかすると、あなたの職場も、みんながひとりで頑張っているのかもしれません。

だとしたら、まずはあなたから進捗を伝えてみるのもいいでしょう。そして、「手を貸してほしい」「知恵を借りたい」と言ってみると、思いがけないヘルプがもらえるかもしれません。

「自分ひとりではどうにもできない」と思うなら、ギブアンドテイクの法則を試してみましょう。

心理学の用語に「返報性の法則」というものがあります。人は何かしてもらうと、お返しをしたくなるという法則です。あなたも、誰かにプレゼントをもらったらお返ししようとか、優しくしてくれる人には優しくして返そうと思いますよね？

そこで、**人に相談にのってもらいやすくするために、先に自分が相談にのってしまいましょう。**頼りやすい状況を作るために、先に手を貸すのです。

困っている様子の人がいたら、「どうしたの？　力になるよ」と話しかけて相談にのってみる。忙しくて余裕がなさそうな人がいたら、「手伝いましょうか？」と申し出てみる。

もちろん、自分に余裕がないときに無理する必要はありませんが、少しゆとりができたときに、まわりの人に声をかけてみるのです。すると、「貸し」ができます。貸し借りだなんて打算的だと思うなら、「親切貯金」だと考えましょう。

するとあなたが困ったとき、その人が声をかけてくれるかもしれません。相手が忙しそうでも、以前よりは相談しやすくなっているはずです。

「情けは人のためならず」ということわざがあります。ちょっとまわりの人に情けをかけておくと、後でいいことが返ってくるという意味です。

新人のうちは、自分のことで精いっぱいになりがち。でも、キャリアを積めば、余裕が出てくるときもあると思います。自分が困らないためにも、人に手を貸して関係性を作っておくのは、誰かと仕事をするうえで必要なことです。

頼れる人がいないと思ったら試しに甘えてみる

相談したくても、まわりの人が頼りない、頼っても期待する結果を出してくれない、と感じている人もいるでしょう。特に部下をもつ人に多いのですが、「自分でやったほうが早い」「自分のほうが上手にできる」と思ってしまうと、人に仕事を振ったり、頼ったり、相談したりできなくなります。

このタイプの人は、「自分は正しい」「自分はできる」という思いがとても強いです。それはたしかなのかもしれませんが、ひとつ気づいていないことがあります。

それは、**まわりが頼りないのではなく、人に甘えるのが下手だという事実です。**

私がかつて、仲間たちと一緒にプロジェクトを立ち上げたときのこと。私はリーダーを務めていたのですが、仲間たちのことを、次第に「頼れない」と感じるようになっていきました。

ほかのメンバーは、私が言わないと動いてくれない、お願いしても思うような成果を上げてくれないと、私はイライラするように。そして、全部ひとりで抱え込んで、ついに体調を崩してしまったのです。

その後、ある女性経営者にその話をする機会がありました。共感してくれるかと思いきや彼女は、**「あなたが甘えられなかったのね」**とバッサリ。

「肩ひじ張って頑張ってたんでしょう？　それじゃあ、メンバーの出る幕なしよ」

私はハッとしました。

私がひとりで抱え込み、相談せずにいたから、メンバーはどう力を発揮したらいいのかわからずにいたのだと、「できない、わからないからお願い」と甘えられなかったからメンバーは寂しい思いをしていたのだと、そのとき初めて気づいたのです。

人と人は、無意識にバランスを取り合うもの。だから、誰かひとりが頑張りすぎると、ほかの人たちは怠けてしまうのです。

思い切って部下に任せてみたら、「驚くほど頼りになった」「思いがけないアイデアをもらえた」という人もたくさんいます。

とはいえ、いきなり甘えるのはハードルが高いですよね。

そこでまずは、**わかっていることをあえて相談してみてください。**知っていることでも知らないふりをして聞くのです。

例えば新しいソフトウェアの使い方について、あえてわからないふりをします。

「先輩、ちょっと相談してもいいですか？　このソフトウェアにまだ慣れていなくて。どうしたら使いこなせるようになるんでしょうか？」

こんなふうに「わからないから教えてほしい」と言われたら、先輩はプライドをくすぐられると同時に、「わからない」と素直に告げる後輩に好感をもってくれるはずです。そしてきっと、丁寧に教えてくれるでしょう。あるいは、一緒に悩んでくれるかもしれません。

こういう何気ないやりとりから、相談しやすい関係性は作れるのです。

私も記者時代に、知っていることをあえて知らないふりをしてインタビューしたことがあります。思った以上に話が弾みました。ときにはちょっとずる賢くなって、人間関係を深めていくのもいいでしょう。

自分の外にある壁を乗り越える

忙しい人に相談するには3つのポイントを押さえる

上司がいつも忙しい。会社にいるときはずっと電話をしていたり、眉間にシワを寄せてパソコンで作業したりしている。話しかけるなオーラを出しているので、声をかけづらい。外に出ていることも多く、なかなか相談のタイミングがつかめない。

上司がそんな状況だと、相談しにくいですよね。カウンセリングでも、このような悩みをよく聞きます。

今の管理職たちは、自分の仕事も大量に抱えながらマネジメントをしています。なおかつ部下に残業させられない分、自分でせざるを得ない作業が生じることもあります。みんな余裕がないのです。

ただ、上司に話しかけにくいからといって、勝手に進めてしまうと後で怒られかねません。報連相ではなく「相報連相」です。仕事をスムーズに進めるためにも早めに相談をしておくべきでしょう。

そこで、忙しい人に相談するコツをお伝えします。

ポイントは3つです。

- **短い言葉で**
- **事実ベースに**
- **答えやすく**

まずは、伝えたいことを短い言葉でわかりやすく伝えることです。

「あの～、C社の担当者に提案をしたんですけど、なんか、あんまりいい顔をしていなくて。メリットもしっかり伝えたんですけど、よく伝わらなかったみたいなんです。それで……」

こんなふうにだらだらと話してしまうと、忙しい上司をイラッとさせてしまい、「で、何が言いたいの？」と言われかねません。

そこで、このように簡潔に伝えます。

「C社への提案についてご相談があります。お時間をいただけますでしょうか」

これなら、何について相談したいのか、ひとことで伝わります。


次に、どのような状況なのかを事実ベースに話します。

「事前準備した通りに提案をしたのですが、もう少し事例を聞いてから検討したいとのことでした」

事実のみを正確に伝えて、状況を把握してもらいます。


そして相手が答えやすいよう、何を求めているのかを詳しく伝えます。

「どの事例を紹介すれば効果的か迷っています。ご意見を伺えないでしょうか」

この場合、求めているのは意見をもらうこと。アドバイスがほしいならそのままストレートに言えばいいですし、情報がほしいなら何を教えてほしいのかを具体的に伝えます。求めている部分をはっきりと伝えることで、主体的に仕事に向き合っていることが伝わり、相手はあなたを頼もしいと思ってくれるでしょう。

このように、３つのポイントを押さえて順番に伝えていけば、忙しい上司も答えやすくなります。

うまくいっていないことや失敗したことについて相談するとなるとよけいに言いにくくなって、回りくどく、もごもごと言ってしまいがちです。

でもそうなると、伝わるものも伝わりません。言いにくいことほど、この３つのポイントを押さえることが大事です。

話を聴いてくれない上司にも、この方法は有効です。

そして、**自分なりの答えやどうしたいかという考えも用意しておくといいでしょう。**

「どうしたらいいでしょう？」と上司に答えをゆだねるような態度を取ると、「やる気がないのでは？」「能力が低いのでは？」と思われてしまうかもしれません。

間違っていてもいいので、自分なりに考えておくことが、上司の信頼を得るためにとても大切です。

意見が言いにくい職場なら逃げ道を作る

「心理的安全性」（63ページ参照）を築けていない職場は多いものです。忖度が行き交い、自己責任論が強く、意見を言うと否定され、いつもギスギスしている……。もし、あなたの職場がそのような状態だと、相談もままならないでしょう。

上司や先輩はいつもイライラしていて、相談するのが怖い。相談できたとしても、「自分で考えろ」などと突き放されてしまう。それでは八方ふさがりです。

そんなときは、**チーム内でなんとかしようとするのはあきらめて、周囲を見渡してみましょう。**

上司の上司に相談できないか？

ほかの部署に頼れる人はいないか？

同期に相談できる人はいないか？

会社の中にカウンセラーはいないか？

上司を飛び越えてその上に相談するのは、基本的にはNGです。仕事のことを他部署の人や同期に相談したとしても直接的な解決策はもらえないかもしれません。

でも、安全ではない職場の中に自分を閉じ込めるのはやめましょう。あなたが傷つくだけです。

逃げ道は作っていいのです。

ときにはNGなことをしてもいい。解決しそうにないことをしたっていいじゃないですか。

職場の雰囲気は、あなたひとりでなんとかできる問題ではありません。

あなたにできることは、できるだけ安全な場所を見つけておくこと。そして、ときどきそこに逃げることです。

逃げた場所で誰かにちょっと話すことで、まずは心に少し余裕が生まれます。そして、思いがけない気づきが得られるかもしれません。

人との対話には、大きな力があります。もしかしたら、イライラしている上司にうまく相談する方法を誰かが考えてくれるかもしれないし、あなた自身がいいアイデアを思いつくかもしれません。

あまりにも今の部署がつらいなら、異動願いを出すのも賢い手です。仕事をする時間は、人生の大半を占めます。その時間がつらいと、人生そのものがつらくなってしまいます。快適な環境に身を置くことを優先してくださいね。

相談相手がわからないなら4つのポイントで見極める

ある相談機関の調査によると、悩みがあっても「相談しない」と答えた人は過半数を超えているそうです。そして、相談しない理由のひとつに、「誰に相談したらいいかわからない」というものがあります。

「まともに答えてくれそうにない」「茶化されそう」「相談したことを言いふらされそう」など、信頼できない人には相談できませんね。

私も学生時代、大切なことをクラスメイトに相談したら、言いふらされてしまった経験があります。上司に悩みを相談したところ、社内の人にそのことが知れ渡ってしまったと、カウンセリングで相談者から打ち明けられたこともあります。

そんな結末になると、人間不信になりそうなほど傷つきますよね。

では、この人は大丈夫、相談していいと判断する基準はどこにあるのでしょう？
相談して大丈夫な人は、次の４つのポイントをもっていると私は考えています。

- **否定しない**
- **最後までさえぎらずに聴いてくれる**
- **一方的にアドバイスしない**
- **共感力がある**

これは、聴き上手がしていることでもあります。相談にのることとは、相手の問題を解決することではありません。じっくりと話を聴いて、悩んでいる相手が自分で問題を解決できるようサポートすることです。

ところが多くの人は、「相談されたら何か答えを出さなければ！」と焦るあまり、むやみにアドバイスをしたり、答えを出してしまったりします。相談した側からすると、「そんなこと求めていないのに」と思うこともありますよね。ときには、ただ聴いてほしいだけのことだってあります。

聴き上手はそこをわかっています。だから、ただただ、じっくりと話を聴いて、話をまとめ、少しだけ質問をして、あなたの手助けをしてくれるのです。

そういう人かどうかを見極めるのが、この4つのポイントなのです。

まず、どんなにネガティブなことを話しても、自分とは違う考え方であっても、相手を否定しないこと。聴き上手はいったん受け止めるという姿勢ができています。

また、話が長いからといって途中でさえぎったりせず、最後までちゃんと聴いてくれます。

さらに、勝手にアドバイスを押し付けてくるようなことはしません。そして、悲しみ、不安、心配などの気持ちに、言葉や態度で共感してくれます。

あなたのまわりに、この4つを兼ね備えた人はいますか？

4つすべてをもち合わせていなくても、ひとつでもこの要素をもっている人なら相談してもよさそうですね。日常会話の中で、この要素をもっているかどうかを見極めてください。

どうしても相談相手が会社の中に見つからないときは、第3の場所を目指しましょう。

例えばスポーツ、音楽などのサークルに入る、食べ歩きの仲間を作る、SNSでつながった人と会ってみる（くれぐれも安全かどうかを確認してください）、セミナーに参加して知り合いを作るなどして、仕事以外の友人を作るのです。

プライベートで仲間と雑談し、ときには相談しあえる関係を築くことが、仕事に張り合いを作ることも大いにあるのです。**利害関係のない相手だから相談できることだってあります。**会社の人からは出てこない考え方を聞けるかもしれません。

第3の場所を作ることは逃げ道にもなります。ストレス対処のためにも、そういうゆるいつながりをもつことがおすすめです。

気持ちが落ちたときはコーピングで心を鎮める

自分の中にある壁と外にある壁を乗り越える方法を紹介してきました。

ただ、これらの方法を試しても、思うようにいかないこともあるでしょう。試す前に心が折れるような出来事に遭遇するかもしれません。そんなときは、「コーピング」で心を鎮めましょう。

コーピングとは、ストレス対処法のこと。

毎日の生活の中で、私たちはさまざまなストレスにさらされます。仕事を抱え込んでしまうことも、うまく相談できないことも、ストレスです。どんなに頑張っても思うようにいかないこともあります。それで気落ちしてしまうこともあるでしょう。

そんなとき、どうしていますか？

とりあえず寝る？　それともゲームをして気分転換する？

コーピングにはたくさん種類があり、100個ほど用意しておくといいといわれています。キャンプ、ランニングなどのアクティブなものから、感情を紙に書き出す、空を見上げる、アロマを焚くなど部屋の中でできることまで、いろいろ考えられます。

100個が難しければ、まずは10個、コーピングを作ってみましょう。

私のおすすめは、自律神経のバランスを整えるリラクゼーション。

ストレスがたまると自律神経が乱れます。それを整えてくれるのが、リラクゼーションです。

入浴、ヨガ、マインドフルネスなどいくつかの方法がありますが、いちおしはいつでもどこでもできる深呼吸です。

【深呼吸のやり方】

まずは口からゆっくりと息を吐き出します。

吐ききったら、4秒、鼻からゆっくり息を吸います。

2秒息を止めます。

そして8秒かけて口から細く長くゆっくりと、息を吐き出します。

これを何度か繰り返してみてください。ストレスで浅くなっていた呼吸が深くなり、自律神経が整っていきます。落ち込んでしまった気持ちも、少しラクになると思います。職場にストレスを感じてドキドキしてしまったときなどにも効果を発揮してくれます。いろいろな場面で試してみてください。

コーピングは、ストレスと上手につきあっていくために必要なもの。ぜひあなたに合ったコーピングを見つけて、うまく生活に取り入れてみましょう。

chapter

4

いいアドバイスをもらえなかったら？

相談には準備が必要

ここまで、自分の中と外にある壁を乗り越える方法を紹介してきました。
ただ、壁を乗り越えて、いざ相談してみようと思っても、「なんだかまだ相談できそうにない。どうしたらいいかわからない」と感じる人もいると思います。

踏みとどまってしまう理由は、本当に相談したいことがわかっていないから。

つまり、相談をする準備が整っていないのです。
そんなことはない、自分の悩みは自分がいちばんよくわかっている、と思いますか？　でも私たちは、意外と自分のことが見えていないものなのです。

自分の悩みの本質や、相談に何を求めるのかを考えずに相談すると、相手もどう答えたらいいかわからず困ってしまうかもしれません。相手からほしい答えをもらうためにも、相談の準備をしましょう。

あなたは、何を相談したいのですか？

抱えている問題の解決策を知りたい？　作業を手伝ってほしい？　もやもやしていることがとにかくストレスで、その気持ちをなんとかしたい？

どんなことを望んでいるのでしょう。

ここをわかっていないと、一方的にアドバイスされてしまったり、「そんなこと聞くな！」と怒られたり、「それくらい気にすることないよ」と簡単に片づけられてしまったりするかもしれません。

多くの人は、自分の悩みの奥にあるものや、本当はどうしたいのかということがわかっていません。情報や周囲の目が気になって自分の気持ちに気づかないこともあります。一般常識に縛られて、したいことができないこともあります。

まわりとうまくやっていくために、本当の気持ちを胸の奥に押し込めたまま生活をしていると、自分の本当の気持ちや望みがわからなくなることもあるのです。

自分の心を守るためにも、まずは悩みを整理しましょう。

紙上カウンセリングで悩みを整理

カウンセリングにも、自分が何を相談したいのかわからない状態で来る人がいます。「話したいことがまとまっていないんです」と申し訳なさそうに切り出す人もいます。

でも、それでいいのです。もやもやしているから人は悩むのです。

カウンセリングでは、相談者の悩みを少しずつ、ひも解いていきます。質問を投げかけながら、悩みの核心はなんなのか、相談者自身はどうしたいのかを明らかにしていきます。

私は、カウンセリングの場でアドバイスはあまりしません。私のアドバイスが必ずしも相談者にフィットするとは限りませんし、アドバイスをすることで相談者が力を発揮する邪魔をしてしまうこともあるからです。

大切なのは、相談者が自分の力で解決すること。そのお手伝いをするのが、カウンセリングという相談の場なのです。

人は、自分で自分の問題を解決する力をもっています。もちろん、あなたも。

そしてそのアイデアや方向性も、あなたの中に眠っています。それを、紙上カウンセリングで引き出していきましょう。

では、これからいくつか質問をするので、じっくり考えて答えてください。

● **今、どんな悩みを抱えていますか？**

● **悩み始めたきっかけはどんなことでしたか？**

● **その悩みがあることで、どんな気持ちになっていますか？**

● その悩みがあることで、どんな影響が出ていますか？

● その悩みがこれからも続くと、あなたはどうなりますか？

● その悩みは、なくなったほうがいいですか？

● その悩みがなくなったとき、あなたはどうなっていますか？

● 悩みに関することで、コントロールできるのはどんなことですか？

● コントロールできないのはどんなことですか？

● コントロールできないことは、受け入れるかスルーするしかありませんが、どんな方法ならできそうですか？

誰なら助けてくれそうですか？

質問を何度も繰り返すと、より本質に近づいていくことができます。そして、何を相談すればいいのか、どんな準備をすればいいのかも見えてくるはずです。

何を相談すべきかわからないなら雑談する

ある調査では、若手社員の悩みの上位に「何を相談したらいいかわからない」というものが入っていました。以前にはそんなに多くなかった悩みが、コロナ禍でぐんと増えたようです。

コロナ禍に入社した人は、上司や先輩に直接仕事を教えてもらう機会が少なかったでしょう。上司や先輩が活躍している姿を間近で見ることもあまりなかったかもしれません。そんな状況だと、与えられた仕事が会社全体の仕事の流れの中でどんな役割を果たしているか、わかりにくいはずです。

それでは、何をどう相談したらいいのかわからないと感じるのも当然。そうでなくても、新人のうちは右も左もわからないものです。

もしもあなたがそのような状態にあるのなら、そのもやもやを、ほんの少しの雑談で解消しましょう。

「何を相談したらいいかわからない」ことを相談するのです。

もやもやと霧がかかっている心をクリアにしていくには、雑談が効きます。ああでもないこうでもないと話す中で、霧が晴れて、目の前にある岩に気づくかもしれません。

「自分がつまずきそうになっていた岩はこれなのか！」と気づけたら、後はそれを避ける方法や乗り越える方法などを考えればいいのです。

雑談の相手は、上司でも先輩でも、同期の仲間でも友達でもいいと思います。あなたの話を聴いてくれる人、できれば気軽に話せる人に時間をもらいましょう。

ほんの5分でも十分。遠慮せず、「5分だけお時間いただけますか？」と声をかけてみましょう。

私は記者時代、毎月担当していたある仕事についてもやもやしていました。楽しくないわけじゃないけれど、達成感がない。仕事するたびに胸がざわざわする。そんな感じでした。

そこで、ペアを組んでその仕事をしていたNさんに雑談の時間をもらうことにしてみたのです。

私「なんだかこの仕事、やるたびに胸がざわざわするんだよね」
N「ざわざわ？　それってどんなときに感じるの？」
私「う～ん、原稿を書いているときかな」
N「原稿を書きたくないの？」
私「書きたくないわけじゃないけど、書き終わったときにいつも迷ってる。これでいいのかなって」
N「方向性がわからないとか？」
私「方向性……。ああ、そうなのかな。方向性っていうか、目的？」
N「誰に向けて何を書くのかっていうこと？」

私「ああ、そうそう！　それだ！　いつもなんとなく取材してなんとなく原稿を書いてたからざわざわしていたんだ。誰に向けて何を書くのかがわかっていなかったんだね」

N「だったら、それをもう一回考えるといいんじゃない？」

私「うん。そうする。ありがとう！」

こんな感じの雑談で、ものの5分で私のもやもやはあっけなく消えてしまいました。こういう雑談のことを「壁打ち」といったりもします。特にアドバイスをもらうわけでもなく、話している中で核心が見つかる、言葉のラリーですね。

人と人が言葉を交わすことで、心と心が触れ合って化学反応が起きます。そして思いがけない発見につながったりもするのです。少しだけ人の時間をもらって、あなたの心にも化学反応を起こしてください。

「私はどうしてほしい？」を考える

自分の悩みがわかってきたところで、次に、**相談した相手にどうしてほしいかを考えていきます。**漠然とした状態で相談に行くと、「結局どうしたいの？」と言われかねません。

そこで参考になるのが「ソーシャルサポート」というもの。直訳すると社会的支援という意味になります。その言葉の通り、社会的関係の中でやりとりされる支援のことです。いわば「助け合い」ですね。

「ソーシャルサポート」には、「道具的支援」「情報的支援」「評価的支援」「情緒的支援」という4つの種類があります。

相談の仕方に迷ったら、「私は相手にどうしてほしいのか」、つまり、この4つのうち何を求めているのかを考えてみましょう。

では、４つのサポートについて説明します。

「道具的支援」は、行動によるサポート。仕事を手伝ったり、役立つ物を貸したりして、具体的な行動で支援をすることです。

「情報的支援」は、情報提供のこと。本人が自分で問題解決できるように役に立つ情報や知識を教えるということです。

「評価的支援」は、評価を与えること。相手のしたことがいいのか悪いのか、どのような意味や効果があったのかなど、評価を与えることです。

「情緒的支援」は、感情面でのサポート。励ましたり共感したりすることで、相手の心の支援をすることです。

あなたは、どの支援を必要としていますか？

手伝ってほしいのか、それとも、自分が気づかなかった情報や、知らない情報を教えてもらって前に進みたいのか、いい・悪いのジャッジをしてほしいのか、あるいは、ただ励ましてもらえれば落ち着くのか。

まずはそこを考えてみましょう。ここがはっきりすると、相談の仕方も変わってくるはずです。

では、次からは４つの支援をもらう方法を、具体例とともに紹介します。

ひとつだけ注意してほしいのは、ここに挙げている例がすべてではないこと。状況によっては違う支援が必要なこともあるので、自分の状況と照らし合わせながら考えてみてください。

納期に遅れそうなら「道具的支援」をもらう

「納期に間に合わないかも！」

誰しも、そんな焦りを感じた経験があると思います。私も記者時代、原稿を書くのが締め切りギリギリになってしまい焦ったことが何度もあります。

納期に遅れそうになったとき、徹夜してひたすら頑張る人は多いのですが、人間の集中力はそんなに長続きしません。それに、長時間頑張り続けるほど、疲れてしまってクオリティは下がっていきます。

そんなときは、遅れそうなことを正直に話して、「道具的支援」を求めましょう。

そもそも、納期に遅れそうなことを上司に隠すのは得策ではありません。

失敗しそうなことを上司に言えず、ひとりでなんとかしようとして大きなトラブルを起こしてしまう人もいます。**失敗しそう、遅れそうだと早めに相談することで、大きなトラブルは防げます。**むしろ早めに相談してくれたことで、上司は安心するのです。正直に話してくれたあなたに対する信頼度も向上するでしょう。

相談することで、誰かサポートをつけてくれるかもしれません。あるいは、上司が自ら手伝ってくれるかもしれません。そんなふうに具体的で行動的な支援が得られたら、ホッとしますよね。

それに、上司がお客さまにかけあってくれて、納期を延ばしてもらうことだって可能になるかもしれないのです。

仕事がうまくいかないときは、必ず理由があります。上司に相談することで、その理由も明確になり、同じことを繰り返さずに済むようにもなりますよ。

会社は、メンバー同士が支え合って、助け合って目標を達成していくところ。あなたがピンチのときは、誰かがカバーしてくれます。大変なとき、しんどいときには、素直にそのことを話して大丈夫なのです。

知識不足で手が止まるなら「情報的支援」をもらう

経験が浅い。知識が追いついていないために仕事の手が止まってしまう。一生懸命調べるのだけれどよくわからない。そんなときはありませんか？

そんなふうに**「わからない」で止まってしまうときは、「情報的支援」が必要です。**

自分が今ほしいのは、つまずいていることを解決するための知識なのか、やり方をちょっと工夫するためのアドバイスなのか、それをまず考えます。

そして、上司や先輩に相談してみましょう。

「この部分を修正するにはどうしたらいいか、自分でも調べてやってみたのですが、うまくいきませんでした。どのような方法があるのか教えていただけませんか」

このように、自分で考えてみた、調べてみたけれどわからなかった、だから情報を教えてほしいという切り出し方をすると、相手は快く応じてくれるはずです。

自分で調べもせずに「教えてください」という態度で相談をすると、「まず自分で調べなさい」と言われてしまうかもしれません。

努力せず人の力を借りようとする人には、誰も力を貸してくれないのです。ですが、頑張っているけれどどうまくいかずに困っている人には、力を貸したくなるもの。

努力のプロセスを見せることが、相手に動いてもらうためには大切です。

ただ、必死で調べたり考えたりしすぎるのも要注意。ひとりで固まっている自分に気づいたら、相談してみましょう。

仕事に自信がもてないなら「評価的支援」をもらう

あなたは、自分の仕事に自信をもっていますか？
私もかつてはそうでしたが、多くの人は迷いながら仕事をしているものです。

「上司がいいとも悪いとも言ってくれないので、自分のしていることが正しいのかどうかわからない」という悩みをよく聞きます。実績を重ねている人はまだしも、社会人になって間もないころに評価をしてもらえないと、今のままでいいのかわからなくなって当然です。自信など、もてませんよね。

そんなときは、素直に聞いてみることがいちばんです。

上司がいいとも悪いとも言ってくれないということは、特に問題はないということでもありますね。でも部下としては、改善したほうがいい点も、優れている点も、どちらも言葉にして伝えてもらいたいものです。

しかし現実には、それができる上司は少ないのです。「問題がなければ、いいところは特に言及しなくても大丈夫だろう。言わなくてもわかるはずだ」と思い込んでいる人が少なくないのですね。

だからこそ、待っているより聞いてしまったほうがいいのです。

これが「評価的支援」を求めるということです。

「指示していただいたことをもとに自分なりに仕事を進めていますが、このやり方でいいのかどうか自信がもてずにいます。自信をもって取り組めるようになりたいので、フィードバックをいただけないでしょうか」

このように、直球で評価を求めてしまいましょう。上司も今まで評価してこなかったことに、はたと気づくかもしれません。

口頭で言いにくいならメールで伝えてもＯＫです。

落ち込んだなら「情緒的支援」をもらう

仕事で失敗したり、対人関係がうまくいかなくて、気持ちが落ち込んでしまったりしたとき、どうしていますか？　ひたすら寝るとか、とりあえず走って忘れるなど、いつもやっている方法があるかもしれません。

弱みを見せたくない、迷惑をかけたくないという思い込みが強いと、ひとりでなんとかしんどさを乗り越えようとしてしまいますが、それではよけいにつらくなってしまうもの。

落ち込んだときこそ、誰かの力を借りましょう。4つのサポートのうち「情緒的支援」をもらうのです。

ただ、相手選びはとても大事です。あなたの落ち込みをバカにしたり、「そんなことぐらい気にするな」と軽んじたりするような人に話すと、後悔するのは目に見えています。かといって、やたらにアドバイスされるのもつらいものです。

落ち込んでいるときには、ただただ寄り添って聴いてもらい、共感してもらうことが、いちばんの薬になります。

共感をしてもらえると、つらい気持ちを吐き出すことができるとともに、「わかってくれる人がいる」という安心感で気持ちがラクになります。信頼できる人がいるだけで、心は救われるものです。

力を借りるべき相手は、気の置けない友達や家族、同僚などがいいでしょう。ポイントは共感してもらうことですから、気持ちをわかってくれる人に話しましょう。

もしも身近に話せる相手がいないなら、カウンセラーに相談することも視野に入れてみてください。カウンセリングはまだハードルが高いと感じている人も多いのですが、お茶を飲みに行く感覚で気軽に利用してもらっていい場所です。

一般的にカウンセリングには、メンタル不調になった人や疲れ切った人が行くところというイメージがあると思います。もちろん、そうした人のサポートをするという役目もあるのですが、それだけではありません。

気持ちがもやもやとしたときに、その整理のお手伝いをしたり、キャリアアップしたいときにその方法を一緒に考えたり、といったサポートもしています。

カウンセラーによって対応範囲は異なりますが、もっと気軽に来てほしいという思いは共通しています。

会社の中にカウンセラーがいる場合は、利用しやすいですね。いない場合は、民間のカウンセリングルームが近くにあるかもしれませんし、自治体にも「心の相談」などの窓口があります。

今はＳＮＳを活用したカウンセリング機関も増えています。専門家が相談にのってくれるので、短時間ですっきりできると思いますよ。

考えの合わない人には「DESC法」で話す

職場の人とコミュニケーションを取っていると、考え方や進め方が違うことでストレスを感じることがありますよね。

人は、自分の価値観でものごとを判断していますから、仕事に対する考え方や進め方は十人十色です。職場の中で食い違いが生じるのは仕方のないことです。

だからこそ、お互いの価値観を認め合うことが大切。

そのためには、やはり相談を避けて通ることはできません。

価値観の異なる相手と話し合いをするのは緊張しますね。対決するイメージで臨む人もいるでしょう。

そういうときにはちょっと肩の力を抜いて、**対決ではなく、あくまでも相談というイメージで臨むとうまくいきます。**

ただ、考えの違う人に相談なんてできるのか、と不安にもなります。そんなときに役立つのが、「DESC法」というコミュニケーション法です。

「DESC」は、英単語の頭文字を並べたもの。

D…「describe」＝描写する。

E…「express」「explain」「empathize」＝表現する、説明する、共感する。

S…「specify」＝提案する。

C…「choose」＝選択肢を提示する。

D…今起きている問題を描写する。

E…それによって自分が受けている影響を表現、説明し、相手の状況にも共感する。

S…お互いにとっていい方法を提案する。

C…相手の回答を予測し、選択肢を提示する。

この流れで相談をもちかけるのです。

例えばペアで仕事をしている人からたくさん仕事を振られて困っているとします。

D…私の分担が思った以上に多くて、キャパオーバーになっています。

E…ほかの業務に手が回らず困っています。もちろん、あなたもいろいろな仕事を抱えて大変なことはわかっています。

S…一緒にクオリティの高いものを作りたいので、余裕をもって取り組めるとありがたいです。一緒に分担を見直していただけると助かります。

C…いかがでしょう？　何かほかにいいアイデアはありますか？


まずは今の状況を冷静に伝え（D）、自分はどんな影響を受けているかを伝えます（E）。影響を伝えることで、困っていることが相手に伝わります。自分だけが大変だと一方的なメッセージになるのを避けるために、例のように相手を慮るひとことも加えるとなおいいですね。

そのうえで、提案をします（S）。提案は、自分だけでなく相手にとってもプラスであることが大事。自分だけが得をするような提案は、とうてい受け入れてもらえません。

さらに提案は、「私はこうしてほしいです」「私はこうなるとありがたいです」というふうに、「私」を主語にすることもとても大切です。

「あなたはちっとも仕事をしませんね」「あなたはもっと早く仕事を進めるべきです」など、「あなた」を主語にしてネガティブなメッセージを伝えると、相手を責めるニュアンスになってしまいます。

それでは相手は嫌な気分になり、自己防衛に入って話し合いはうまくいきません。「私」を主語にすると、相手を傷つけることなくメッセージを伝えることができます。

ただ、自分の提案を伝えても、相手が受け入れてくれるかどうかわかりません。そこで、選択肢を用意します（C）。NOと言われたときの対処法も用意しておき、一緒に考えましょうと伝えるのです。

誰だって、一方的に指示されたり命令されたりするのは嫌なもの。私たちには、他人からコントロールされたくないという心理があります。ですから、相手が自分をコントロールしようとしていると感じると、その相手に警戒心を抱き、自己防衛に入ります。

他人が関わる問題を解決するためには、相手に警戒心を抱かせないように最大限に配慮しながら話し合いをすることが、とても大事なのです。

ＤＥＳＣ法を使った話し合いは、相手と一緒によりよい未来を作っていくための相談ともいえるでしょう。

とはいえ、伝える内容や順番を整理してから話すことが大事です。はじめのうちは、自分の思いや考えを書き出して、頭の中を整理してから臨むようにしましょう。慣れるまでは難しいかもしれませんが、できるようになると、事前準備をしなくても言葉が出てくるようになります。

続けることで対人関係のストレスも減っていくでしょう。

chapter
❺

なんて相談したらいいですか？

相手が答えやすいフレーズに言い換える

相談することに前向きになり、相談の準備も整ったら、いよいよ相談です。

そこで大事なのが、言葉の選び方。どんな言葉を使うかによって、相手が受ける印象はがらりと変わります。

漠然とした表現で何を求めているのかわからなかったり、ちょっとネガティブだったりすると、相手はいい印象を抱いてくれません。そうすると、「後にしてくれる？」と邪険に扱われたり、適当にアドバイスされたりして終わり、ということになりかねません。

逆に、相手に「この人の力になってあげたい」「サポートしてあげたい」と思ってもらえたら、相談は成功です。望んでいる以上のサポートや、意外な情報をもらえるかもしれません。

相手に「答えたい」と思ってもらうためのポイントは、以下の3つです。

・相手をリスペクトすることを忘れない

・誰のことも否定しない

・よりよい未来をイメージする言葉を使う

相談とは、人を動かすことでもあります。

そして人を動かすには、相手をリスペクトし、周囲の人たちを大切にし、みんなでよりよい未来を作っていきたいという思いをもち、それを言葉で表現すること。それができると、あなたは、「応援したい」「力になりたい」と思ってもらえる人になります。

では、そんな人になるための言葉選びの具体例を紹介していきます。ぜひ自分の状況に合わせて、アレンジして使ってみてください。

相談フレーズ

①

✕ どうしたらいいですか？

〇 先輩はどう対応したんですか？

仕事でつまずいたとき、「どうしたらいいですか?」とつい聞いてしまいがち。

でも、そう聞かれた側は、「自分で考えもしないで安易に人に答えを求めている」と受け取ってしまいます。仕事に真摯に向き合っていないだけでなく、相手の知識や考えを安易にもらおうとしているという印象をもたれかねません。そして返ってくるのは、「自分で考えなさい」という厳しい言葉。

こんなときは、相手へのリスペクトを表現することがとても重要。

そのためには、**上司や先輩の体験を聞くのです。**

「どう対応したんですか?」や、「どんなふうに切り抜けたんですか?」と成功体験を聞くことで、相手はプライドをくすぐられます。そしてたっぷりと自分の体験を話してくれるでしょう。後は、相手の体験を自分なりに再現してみることで、難局を乗り切ることができます。

自分をリスペクトしてくれる部下や後輩はかわいいもの。かわいがられるというおまけもついてきますよ。

相談フレーズ ②

今ちょっといいですか？

後で10分お時間をいただけますか？

相談したいとき、いきなり相談をもちかけていませんか？　運悪く相手が忙しいときだったら、「後にして！」と言われてしまうこともあるでしょう。

上司も先輩もいつも忙しく、「いつ相談したらいいのかわからない」と悩む人も少なくありません。そんな状況なら、なおさら相手の都合を慮るひとことが重要です。

そこで、**その場でいきなり相談するのではなく、「後で10分お時間をいただけますか？」とまず都合を伺います。**もし相手に余裕があれば、「今でいいよ」と言ってくれるでしょうし、「じゃあ15時からでどう？」と具体的な時間を指定してくれるかもしれません。そうすれば、あなたも安心して相談に臨めます。

口頭で話すタイミングが取れないなら、メールやチャットで連絡しましょう。

さらに、「10分」と所要時間の目安を伝えることで、相手に安心感を与えることができます。忙しい人は、どのくらい時間がかかるのかを常に気にかけているもの。10分ならスキマ時間に対応できるので、時間を取ってもらいやすくなります。そして、そういう気配りができるあなたの株も上がるでしょう。

相談フレーズ ③

× 相談したいです

○ ○○さんだから相談したいんです

「相談したいです」と切り出すのは、ごくごく自然な言い方。

悪くはないのですが、どうせ相談するなら問題解決だけを目的にするのではなく、相手との関係性を良好にすることも目指してみましょう。


「〇〇さんだから相談したいんです」という言い方は、相手が特別な存在であることを伝えるメッセージ。誰しも、自分は重要な存在だと思いたいもの。その本能をくすぐるひとことになります。


アメリカの作家、デール・カーネギーは、ベストセラー『人を動かす』の中でこんなことを言っています。

「人は誰でも他人より何らかの点で優れていると思っている。だから、相手の心を確実につかむ方法は、相手が相手なりの世界で重要な人物であることを率直に認め、そのことをうまく相手に悟らせることだ」

周囲の人の優れている点を認めて、それを口にしてみましょう。人と人は鏡のようなもの。相手に対しての言動は、やがてあなたに返ってきます。

相談フレーズ

④

× キャパオーバーでもう無理です

○ 手を貸していただけると助かります

「仕事が多くて終わらない。もう無理！」と投げ出したくなることもあるでしょう。しかし、ストレスでキレ気味になりながら、「もう無理です」と訴えたところで、上司は真剣に向き合ってくれません。このセリフは、「私の大変さを理解してよ。サポートしてよ」というメッセージ。「言わなくても察してよ」という甘えが感じられるので、社会人として適切な言い方に変えましょう。

しんどくて誰かの手を借りたいときは、そう言っていいのです。とはいえ、人に何かをお願いするとき、言いにくいからと遠回しになりがち。「あのー、実はちょっと大変で、誰かこれをやってくれるとスムーズに進むと思うのですが、でもみんな忙しいですよね……」などと遠慮がちに言っても、メッセージはうまく伝わりません。

手伝ってほしいときは、ストレートにそれを伝えましょう。

「誰かにサポートしてもらえたらありがたいです」などでもいいですね。

「手を貸してほしい」は、相談の入り口となるひとこと。相手が受け入れてくれたら、何をどう手伝ってほしいのか明確に伝えましょう。

相談フレーズ

⑤

会社を辞めたいです

仕事量が多く、この仕事を
続けていく自信がありません

会社を辞めたいなと思ったことは、一度や二度ではないかもしれませんね。でも、その本気度が増して心が揺れてきたら、どうしますか？

最近は、上司に相談せずにひとりで悩んで、突然辞めてしまう人が増えています。自分で決断すること自体は悪くありませんが、上司たちは「ひとこと相談してくれれば……」と悲しんでいます。

かといって、「会社を辞めたい」とストレートに言ってしまうと、上司は驚き、戸惑います。**深刻な相談をするときは、考えだけでなく感情も含めて伝えましょう。**

何がストレスの要因になっているのか、どんな感情なのか、そのふたつを伝えることで、上司も真剣に向き合ってくれます。もしかしたらストレス要因を減らす方法を上司が考えてくれるかもしれません。ストレスが減ったら、辞める必要はなくなるかもしれないのです。

ひとりで悩んで安易に退職を選んでしまうと、後悔することもあります。嫌なことから逃げるように転職すると、転職を繰り返すようになることもあるのです。大切なことこそ、近くにいる人に相談しましょう。

相談フレーズ ⑥

急に頼まれるのは困ります

どうしたらうまく連携できるか一緒に考えてもらえませんか？

チーム内の人や他部署の人に「今日中にやっておいて」とムチャぶりをされて困ることはありませんか？　そこで断れずに我慢して引き受けると、また同じようなことが繰り返されます。そして、ある日突然、ドカン！　と爆発してしまう……なんてことになるかもしれません。

引き受けるのが難しいこと、嫌なことは断ってもいいのです。ただし、相手を突っぱねるような言い方は、関係性を悪くするのでＮＧ。

せっかく言葉を交わすなら、関係性を良好にしながらお互いにプラスになるような着地点を見つけられるといいですよね。

そこで、相手を巻き込んで快適に仕事できるよう、相談をもちかけます。

相手に行動を変えてもらうには、自分の状況や感情と同時に、どうしてほしいのかをストレートに伝えることが有効。こちらのアイデアを伝えてもいいのですが、相手を巻き込むには「一緒に考えてほしい」と伝えると効果的です。相手も自分の言動を振り返り、こちらの立場を考えたアイデアを出してくれるかもしれません。

相談フレーズ
⑦

異動したいです

海外営業部で働きたいという思いがあります

このところ、1on1ミーティングを導入する会社が増えています。上司の面談を定期的に受けている人もいるでしょう。今の部署が嫌なとき、上司に「異動したいです」と言いたくなりますが、理由も告げず唐突に切り出すと、わがままだととらえられ、聞き入れてもらえないでしょう。

仕事が合わない、人間関係が悪い、忙しすぎるなど、異動したい理由はさまざまですが、その願いを叶えるには、相手を納得させる理由がなければいけません。「あの人と合わないから異動したいです」というネガティブな理由では、真剣に取り合ってもらえません。**納得してもらうには、ポジティブな理由を伝えることが重要です。**「海外とやりとりするのが夢だったんです」というふうに、ポジティブな思いを伝えて相談すれば、上司も前向きに考えてくれます。

やりたいことや夢を伝えて上司に異動の相談をした人が、その思いをスムーズに叶えている姿をたくさん見てきました。夢を遠慮する必要はありません。日ごろから上司にどんどん伝えていきましょう。

相談フレーズ ⑧

課長に叱られてばかりでうんざりです

先輩、うまい叱られ方を教えてください

以前、カウンセリングに来た人が、「うまい叱られ方を教えてください」と私に質問をしました。なかなかおもしろい表現をするなと感心したと同時に、この言い方の大きな効果に気づきました。

上司に叱られてばかりだと、たしかにうんざりします。グチりたくもなりますよね。そこで先輩や同僚にグチをこぼしたらどうなるでしょう？　もし、それが上司の耳に入ってしまったら、もっと大変なことになるかもしれません。

どんなときも頭に置いておきたいのは、周囲との人間関係を良好に保つこと。自分のためにも、人間関係を自ら壊すようなことはしないほうがいいでしょう。

そこで、**うんざりするような状況に陥ったときにも、「どうすれば関係性が良好になるのか？」を考えてみてください。**「うまい叱られ方」を先輩に相談することで、上司に気に入られる方法を教えてもらえるかもしれません。

ただし、上司の言動がハラスメントに当たるようなものであるときは、話は別。会社の窓口や上司の上司に相談して、自分を守りましょう。

相談フレーズ

⑨

資料を作ったのですが、どうでしょうか？

この表現でいいのか迷っているので、ご意見を伺いたいです資料を作って提出するとき、ただ「資料を作りました」「どうでしょうか」と言っていませんか?

どんなにキャリアを重ねても、自分が作成したものを完璧だと思えることはなかなかありません。だからこそ、客観的な意見を聞いて、よりよいものを目指していくことが大切です。書類などをブラッシュアップするために行う相談の場では、具体的な質問をすると、「デキるな」と思われます。

そもそも質問は、漠然とではなく具体的にすべきもの。例えば「研修どうだった?」など漠然とした質問では、相手はどう答えたらいいかわかりません。

相手が答えやすくなるよう、そしてやる気を見せるためにも、具体的にどこをどう相談したいのかを伝えましょう。

「この表現でいいのか迷っている」など、まずは自分が気になっているポイントを提示します。上司が答えてくれたら、そのほかの点や全体的なまとまりはどうかなど、具体的な質問を重ねていくといいでしょう。

相談フレーズ ⑩

これは私の仕事じゃないと思いますけど？

役割分担があいまいだと感じるので、一度確認しませんか？

チーム内で誰かと一緒に仕事するとき、面倒なことをこちらに押し付けてくる人っているものです。また、本当は自分の仕事なのに、それを他人に押し付ける人もいます。正直イラッとしてしまいますよね。

かといって、「私の仕事じゃないと思いますけど？」というきつい言い方をしてしまうと、相手を責めるニュアンスになり、角が立ちます。それに、その言い方では「役割分担を見直したい」という本当に伝えるべき思いが伝わりません。職場では敵は作らない。なおかつ、言いたいことはしっかり伝える。このふたつを両立させましょう。**なるべく冷静、平和的に話をすることがとても大切です。**

それにも、相談が役に立ちます。

公平に役割分担をして解決する問題であれば、「もう一度、一緒に確認しませんか？」と、相談という形で話すのです。あくまでも、明るく、笑顔で、責めずに伝えるのがポイントです。

役割を見直すときは、すべて書き出して整理することをおすすめします。可視化することで、相手もずるい言動を取れなくなるでしょう。

相談フレーズ

⑪

先輩からパワハラされています

先輩からきつい言葉を投げられて、精神的に参っていますパワハラ、セクハラなど、ハラスメントは今なお職場の大きな問題です。私も、悩んでいる人の相談をたくさん受けています。

被害を受けている場合は、すぐに誰かに相談してください。ハラスメントは人格侵害です。許してはいけません。会社に設置された窓口に通報するか、上司、人事などに相談しましょう。

ただし、客観的にはハラスメントではないのに、受けた側が「ハラスメントを受けました！」と大きな声で言っているケースもあります。ただ単に叱られただけなのに「パワハラだ」と言うのは過剰反応です。

デリケートな問題を相談する場合は、何が起こったかという事実をなるべく詳しく話し、そのことによる影響を併せて伝えましょう。例えば、上司から毎日ひどい言葉を投げられ、体調を崩している、仕事ができなくなっている、など。

自分ひとりで悩まず、周囲の人の力を借りることで、改善することも多いものです。我慢せずに、相談する勇気をもってくださいね。

相談フレーズ
⑫

タスクがいろいろあって
混乱しています

優先順位のつけ方を
教えていただけるとありがたいです

経験を積むと、与えられる仕事量は増えていきます。ただ、知識が十分ではない段階で次々にいろいろと仕事を振られると混乱してしまいますよね。頭の中がわちゃわちゃしているときに、勢いに任せて「混乱しています」と相談してしまったらどうなるでしょう？　「冷静に判断できず、パニックに陥りやすいところがあるのかな？」と上司に思われてしまう可能性がありますね。

混乱しているときは、まずゆっくり深呼吸しましょう（113ページ参照）。焦って浅くなっている呼吸を意識的に深く行うことで、自律神経のバランスが整い、気持ちも落ち着きます。そして、「何を相談したら混乱せずに仕事に向き合えるだろう？」と考えます。

タスクが多い場合は、まずは優先順位をつけることが大切です。**しかし、優先順位のつけ方自体がわからないこともありますよね。そこで、そのことを相談してしまうのです。**まさに、相報連相、です。

上司や先輩は、自分なりの優先順位のつけ方の流儀をもっているはず。その知恵を教えてもらうと、目の前にサーッと道が開けるでしょう。

相談フレーズ ⑬

●●さんと合わないので、ペアを変えてもらえませんか？

●●さんとの案件が遅れているので、サポートしていただきたいです職場にはいろいろな人がいます。当然、ウマが合わない人もいます。そういう人とペアで仕事することになると、大変ですよね。考え方が合わず、会話もかみ合わず、ときには仕事に支障が出てしまうこともあるでしょう。

だからといって、「あの人と合わないのでペアを変えてほしい」と相談するのはNG。他者を斬り捨てるような物言いであると同時に、人間関係を立て直す努力をしていないと思われ、上司からの信頼をなくしかねません。

自分が合わないと思っているということは、相手も同じように思っている可能性大です。そのことをまずは念頭に置き、相手を悪く言うのは慎みましょう。

そして、納期が迫っている場合などは、**切迫している状況を打開するために相談したいのだということを、上司に伝えます。**「納期まで時間がないのでサポートがほしい」と伝えると、上司もすぐに動いてくれます。

合わない人と無理に仲良くなろうとする必要はありませんが、仕事上の意思疎通ができるように工夫することは大切。相手の意見を否定せず、お互いにとっていい着地点を探る努力は重ねたいものです。

相談フレーズ
⑭

A案よりB案のほうが断然いいのではないでしょうか？

なるほど、A案もいいですね。私の意見もお伝えしていいですか？

会議や打ち合わせでアイデアを出しあうとき、議論が白熱するのはとてもいいことです。いろいろな案を比較することで、ぐっと精度は上がります。でも、頭ごなしに他人の発言を否定するのは避けたいもの。せっかく意見を出したのにすぐ却下されたら、とても悲しい気持ちになり、否定した相手に敵対心を抱くようになります。さらには、積極的に意見を出すのが怖くなることもあるでしょう。いきなりの否定は、職場の心理的安全性をも壊してしまいます。

反対意見を伝えてよりよい結論を出すための相談をしたいなら、相手の意見を否定しないこと。「あなたはそう思っているんですね。なるほど、その意見も一理ありますよね」といったん受け取る姿勢を見せることが大切です。

「受け取ってもらえた」と感じると、異なった意見を出されても「検討してみよう」と思えるものです。

職場では敵を作らない――これが鉄則。そして否定は敵を作る行為です。会議の場だけでなく、1対1の場面でも否定はしない。このことを肝に銘じておくと、結果としてあなたの意見を受け入れてもらいやすくなります。

相談フレーズ

⑮

仕事がわからなくて心が折れました

仕事のプレッシャーからか、
この2週間、夜眠れなくて困っています

失敗からの落ち込みやプレッシャーなどでメンタルの調子が悪くなることは、誰にでもあります。自分はストレスに強いと思っている人にだって、そういうことは起こるものです。けれど、実際に調子が悪くなると、不安になりますよね。

そんなとき上司に「心が折れました」「メンタルをやられました」と相談すると、上司もどう対応したらいいかわからず戸惑ってしまいます。

メンタルダウンしたときは、体や行動面にも変化が出ていることが多いものです。**まずは、自分の体や行動にどんなことが起きているのかを書き出してみてください。**

集中できない、覚えられない、胃が痛い、動悸がする、眠れない、食べられないなどの症状が出ているとしたら、かなり疲労がたまっている証拠。仕事の生産性も落ちているはずなので、すぐに上司に相談しましょう。

「眠れなくて困っている」と伝えれば、詳しい状況を聞き、仕事の調整をしてくれるはずです。もし、上司が適切な対応をしてくれない場合は、我慢せず、人事や産業医、カウンセラーなどに相談してください。

相談フレーズ

⑯

この案件を頼んでいいですか？

あなたの豊かな発想力を
この案件で発揮してほしいです

あなたがリーダーの立場なら、メンバーに仕事を振っていますよね。そのとき、「この案件を頼みたい」「この件を担当してもらえる？」などと言っていませんか？悪くはありませんし、多くの人がそのような言い方をしていると思いますが、相手をやる気にさせたいなら、少し言葉が足りません。

仕事を振るということは、相手の力を借りること。そのうえで、進め方などを話し合うプロセスも必要で、相談なしには進められません。仕事を振るからには、やる気になってもらうことが大切です。

それはまさに、相手をほめるチャンスでもあります。日ごろは照れくさくてなかなかほめられない人も、そのタイミングでほめ言葉を伝えてみてください。

「あなたは文章がとても上手だから」「あなたはアイデアが豊富だから」など、その人の持ち味をほめるのです。すると相手は当然、嬉しい気持ちになります。

そしてあなたに期待された喜びで、俄然、頑張ってくれるはずです。人を動かすのは大げさなセリフではなく、ちょっとしたひとことなのです。

相談フレーズ
⑰

この業務はあなたに一任しても
いいですか？

この業務の知識が浅いので、
知恵をお借りできませんか？

まったく経験のない仕事を担当している部署に異動になった。しかもリーダー。さて、どうしよう？　なんてことは、めずらしくありません。戸惑うのも、悩むのも、当然の状況です。そんなときに頭の中に浮かぶのは、「リーダーなんだからしっかりしなくちゃ。仕事をすぐに覚えなくちゃ」という考え。焦りますよね。

一生懸命勉強をするも、以前からその仕事をしている部下の知識量についていけなくて、ますます焦る。そして最後は「アイデア出してもらえる？」と、自分の焦りを隠すかのような態度を取る……。こうなるともう、ドツボです。

「一任する」という言葉は、丸投げしているようにも聞こえてしまいます。自分ができないことをお願いしたいときは、「あなたの力を借りたい」と丁寧に伝えましょう。

リーダーだから弱みを見せてはいけないという考えは、今すぐ捨ててください。

弱みを見せてまわりの人に相談すれば、彼らは一生懸命フォローしてくれます。そういうリーダーを、私はたくさん見てきました。だまされたと思って、ぜひチャレンジしてみてください。

相談フレーズ

⑱

あの人のせいでイライラしています

あの人にイライラしていて。
この感情をどう扱ったらいいですか？

対人関係でイライラしたことがない人はいないはずです。私のもとにも、イライラを抱えた人がカウンセリングを受けにやってきます。中には、「あの人のせいでイライラしています」という言い方をする人もいます。たしかに、相手のせいにしたくなりますよね。気持ちはわかりますし、カウンセラーにはどんなことを言っても、どんな言い方をしてもいいのです。

しかし、それを言う相手が上司や先輩だとしたら？　他人を悪く言う人だというレッテルを貼られてしまうかもしれません。どんなときでも、たとえ相手が悪いとしても、相手をおとしめるような言い方は避けたほうがいいでしょう。

相談が上手だなと思うのは、どうすれば相手を変えられるか、ではなく自分の言動や内面をどうコントロールすればいいかと言える人。この場合なら、「感情の扱い方を教えてください」と言えるといいですね。

私たちは、他人を変えることはできません。でも、自分の受け止め方や感情はコントロールすることができます。その相談は、とても建設的です。もやもやしたら、コントロールできることは何かを考えて、それを相談するようにしましょう。

相談フレーズ ⑲

× あの人、全然仕事しませんよね？

○ あの人に力を発揮してもらうために、私たちに何かできますか？

頑張る人がいる一方で、積極的に仕事に関わらない人もいるのが組織。自分は頑張っているのに仕事しない人を見るとイラッとしてしまいますよね。かといって「あの人は～」と上司や先輩に悪口を言う形で相談するのは避けたほうがベター。人を悪く言っても問題の解決にはつながりにくいものです。

嫌なことや気になることは、「どうなったらいいのか?」と、理想の状態を思い描くことが大切です。

仕事をしない人がいるなら、「力を発揮してもらう」ことが理想ですよね。次に、その状態に近づけるために「私」や「私たち」ができることは何か、具体的な作戦を考えていくのです。

そこで、「私たちに何ができるでしょうか?」と上司や先輩に問いかけ、一緒にその方法を考えてもらうのです。他人を無理やり変えることはできませんが、周囲の対応が変化するとその人のふるまいも変化したりします。

職場にはいろいろな人がいます。それぞれが持ち味を発揮して気持ちよく働けるよう、ひとりひとり工夫することが大切です。

相談フレーズ

⑳

この仕事は私に合っていないと思います

「この仕事が合っている」と感じたのはどんなときですか？

仕事をしていても楽しくない。今の仕事に自分が向いている気がしない。毎日忙しくてモチベーションがまったく上がらない。もし、ほかの部署に異動になったらどうなるだろう？　転職したらどうなるだろう？　などと考え、悶々としたことはありますか？

就職して3年目ぐらいまでの人は、「仕事が合っていないのではないか」と悩む傾向が強いようです。カウンセリングにも、そうした悩みはたくさん寄せられています。仕事での成功体験がまだ少なく、自分が役に立てている実感があまりもてないからそう感じてしまうのですが、本人はそのことに気づいていません。

悶々としたときこそ、上司や先輩などに相談して、彼らの考え方や経験を聞いてみましょう。恐らく、「困難を乗り越えて何かを達成したとき」とか、「お客さまにありがとうと言われたとき」などと答えてくれることでしょう。

経験が浅いと、隣の芝生は青く見えます。自分自身もちっぽけに見えます。そういう時期こそ、人から力をもらって、心の栄養にしましょう。

おわりに

最後までお読みいただき、ありがとうございました。

私がかつてインタビューをしたある音楽家は、こんなことを言っていました。

「人生は選択の連続です。仕事での大きな決断から、今日のお昼に何を食べるかまで、毎日、私たちは選択をしています。その選択の積み重ねで、運命は作られるんです」

自分がどういう選択をするかによって運命が変わるのだと、その音楽家は教えてくれました。運命なんて自分ではどうにもできないと思ってしまいますが、実はそうではないと言うのです。

運命の「運」とは、めぐりあわせのこと。自分の意志に関係なくめぐってくる幸・不幸を意味するそうです。

幸・不幸を自分の意志で左右することはできないものの、めぐりあわせというものは日々の選択の積み重ねで結果として変わるとされています。実際その音楽家は、マイナーな楽器をメジャーに押し上げ、長年、世界で活躍しています。選択によって運命を変えた人です。

仕事をする中で、どういう判断をするか、どんなやり方を選ぶか、どのような言葉を選ぶかなど、選択に迷う場面はたくさんあります。そんなときに、自分ひとりで抱え込んでしまうと、視野が狭くなり、選択肢が広がりません。

たくさんの選択肢の中からベストだと思うものを選べるようにするためにも、相談で人の力や知恵を借りるのは賢い方法です。それがまさしく、あなたの運命を変えることになるのです。それは決して「人頼み」ではなく、「人を頼るという自分自身の力」です。

相談は今の困りごとを解消するために行うもの。多くの人はそう思っていますが、本当は未来のためにするもの。

音楽家のあの言葉を思い出すたびに、その思いを強くします。

私は、人の相談にのる仕事をしています。だからこそ、相談の大切さがよくわかっています。少し話をするだけで、悩んでいた人がすっと顔を上げたり、自分自身で答えを見つけたりする姿を見てきました。

カウンセラーが何かをするわけではありません。相談者自身が、相談を通じて自分自身を見つめ直すことで、今まで気づかなかったことに気づいたり、眠っていた力を発揮したりするのです。その姿を見るたびに、「相談ってすごいなぁ」と思います。

アメリカのドラマや映画では、人々が気軽にセラピストのところに行くシーンがたびたび登場します。マッサージに行くようにセラピーを受けて自分の問題を解決することは、彼らにとっては日常の一部なのです。日本もそうなるのでは⁉　と直感したというのも、私が18年前にカウンセラーに転向した理由のひとつでした。

時代が変わり、国の施策なども手伝って、カウンセリングや相談窓口に行くことのハードルは以前よりも下がりました。しかしアメリカのようになるには、まだまだ時間がかかりそうです。働き方改革や日本の国民性などいろいろな要素が絡み、気軽に相談できずにいる人は依然として多い状況です。

だから、もっと気軽に相談できる世の中になってほしい。「相談の力」を多くの人に感じてほしい。そんな願いをこめて、この本を書きました。

あなたが思っているよりも、他人はあなたのことを気にしていません。一方で、あなたが思うよりずっと、あなたの力になってくれる人はたくさんいます。だからどうぞ、ほんの少しだけ勇気を出して、相談してみてください。はじめは友達や家族など、近い関係にある人がいいかもしれませんね。そして次は、職場の人に相談をもちかけましょう。

相談は、人と人をつないでくれる手段でもあります。人と濃いつながりをもちにくくなった今、自分からつながりを求めて誰かに近づいていくことが大切です。相談で自己開示をして、心を許せる人を何人か作ることで、「困ったときに助けてくれる人がいる」という安心感をもつことができます。この安心感は、メンタルヘルスを保つためにとても重要な感覚です。

今よりもっとハッピーな未来を作るため、ひいては自分の運命を変えるために、あなたもぜひ、この本を参考に相談上手を目指してください。大小の相談を積み重ねることによって、確実にあなたの運命は変わっていきます。

遠くから、あなたの頑張りを応援しています。

２０２３年11月吉日　船見敏子

船見敏子（ふなみとしこ）

株式会社ハピネスワーキング代表取締役
公認心理師、産業カウンセラー
1級キャリアコンサルティング技能士
栃木県宇都宮市生まれ。青山学院大学文学部英米文学科卒業。大手出版社で雑誌編集に携わり、経営者、俳優、ミュージシャンなど1000名超の著名人を取材。インタビューが下手なことに悩み、カウンセリングを学び始めるや、その意義や奥深さにたちまち魅了され、2005年にカウンセラーに転向。以後、全国の企業等で研修、コンサルティング、カウンセリングを通じ、メンタルヘルス支援・組織活性化支援を行う。幸せに働く人、幸せな職場を増やすことに情熱を傾け、研修・講演実績も含め約1000社・約10万人のメンタルケアに携わってきた。リピーターも多数で、メンタル不調者を6割減らした実績もある。著書に『幸せなチームのリーダーがしていること』（方丈社）、『「聴く力」磨けば人生うまくいく！』（マガジンハウス）、『3ステップで職場の理不尽から自分を守る　言い返せない人の聴き方・伝え方』（日本能率協会マネジメントセンター）など。

イラスト　meppelstatt
カバーデザイン　喜來詩織（エントツ）
本文デザイン・DTP　佐々木博則
校　正　株式会社ぷれす
編　集　枝久保英里

仕事で悩まない人の相談力

2023年11月26日　第1版　第1刷発行

著　者　船見敏子

発行所　WAVE出版
〒102-0074　東京都千代田区九段南3-9-12
TEL 03-3261-3713　FAX 03-3261-3823
振替 00100-7-366376
E-mail: info@wave-publishers.co.jp
https://www.wave-publishers.co.jp

印刷・製本　中央精版印刷株式会社

NDC 361　191p　19cm　ISBN978-4-86621-468-9